农产品质量安全舆情热点

科学解读

李祥洲 邓 玉 主编

科学出版社

北 京

内 容 简 介

农产品质量安全问题是影响国计民生、牵动产业发展的关键性问题。本书以农业部农产品质量安全舆情监测分析团队 2012~2017 年的网络舆情实时监测数据为基础，精选出 60 个舆情热点问题，梳理、概括不同问题的起因、演化和消解过程，并组织权威专家对热点问题作出了性质诊断，提出了风险交流要点，形成了公众经常关注的农产品质量安全网络舆情问题的科学解读方案。

本书较为全面地覆盖了近年来公众对农产品质量安全问题关注的热点，以通俗化的语言对每个热点问题作出了明确的诊断和科学解读，适合食品及农产品相关的生产者、经营者、监督管理者、媒体人及消费者阅读，也可作为面向社会公众的农产品质量安全风险交流与科学普及的重要参考读物。

图书在版编目（CIP）数据

农产品质量安全舆情热点科学解读/李祥洲，邓玉主编.
—北京：科学出版社，2018.1

ISBN 978-7-03-055905-0

I.①农…　II.①李…　②邓…　III.①农产品－质量管理－安全管理－中国　IV.①F326.5

中国版本图书馆CIP数据核字（2017）第306178号

责任编辑：王　静　陈　新/责任校对：郑金红

责任印制：张　伟/封面设计：铭轩堂

科学出版社 出版

北京东黄城根北街 16 号
邮政编码：100717
http://www.sciencep.com

北京建宏印刷有限公司 印刷
科学出版社发行　各地新华书店经销

*

2018 年 1 月第 一 版　开本：880×1230　1/32
2019 年 1 月第三次印刷　印张：8
字数：250 000

定价：**58.00元**
（如有印装质量问题，我社负责调换）

《农产品质量安全舆情热点科学解读》
编辑委员会

前　言

　　近年来，农产品质量安全问题一直是媒体报道的热点，也是社会公众关注的焦点。客观公正的媒体监督在一定程度上对我国农产品质量安全监管工作起到了积极的推进作用，但不科学、不客观、不全面的报道仍屡见不鲜。部分媒体和网民总喜欢用耸人听闻的标题抓人眼球，博取流量，夸大问题事件的严重程度，把个案性事件推定到整个行业，不断刺激消费者的敏感神经，引起了不明真相的消费者的恐慌，导致公众对国产农产品质量安全的不信任，严重打击消费信心，影响产业发展，给政府公信力也带来了负面影响。特别是在新媒体环境条件下，"大众麦克风"将负面信息渲染、演绎到了一个相当严重的程度。一些微博、微信朋友圈的"善意的忠告""跪求转发""紧急通知""紧急扩散"大肆传播、转发谣言、传言，把一些压根不存在的问题编得神乎其神，对公众产生严重误导，让部分消费者深信不疑。谣言的治理，舆情的管控，已成为食品及农产品质量安全监管的重点工作之一。综观近年来社会公众高度关切的涉及食品、农产品质量安全的热点问题，谣言、传言几乎占了一半，这其中大多是因为部分媒体及网民对农产品质量安全生产基本常识不甚了解，或不清楚如何安全消费，或因既往农产品质量安全问题事件炒作产生的恐慌而导致后遗症、旧病复发，因此，农产品质量安全科学普及工作的重要性凸显。普及农产品质量安全科技知识，提高公众的科学认知水平，化解消费者的安全疑虑，指导科学生产及安全消费，显得日益迫切和重要。

党和国家近年来一再强调要重视舆情管控，及时回应社会关切，农业部也一直高度重视农产品质量安全舆情监测与应对工作。自2011年以来，农业部组织开展了农产品质量安全舆情专业监测分析、专家分析研判及科学解读、风险交流等工作，在农产品质量安全舆情监测分析及应急处置等方面取得了突出成效，农产品质量安全舆情管控的制度体系、工作机制、机构队伍初具规模，舆情监测分析及应对机制逐步得到示范推广。但客观来说，目前我国农产品质量安全舆情应对工作尚处在起步阶段，尤其是基层工作制度体系及机构队伍尚不健全，问题事件信息共享机制还不成熟，有效经验没有得到总结、推广，导致同类问题事件在不同地区、不同时段反复出现。因此，注重案例处置经验总结分析与评价，整合、归纳各地农产品质量安全舆情应对典型经验及科学解读要点，逐渐建立完整的案例数据库对农产品质量安全舆情应对及应急处置工作十分必要。

本书以农业部农产品质量安全舆情监测分析项目团队 2012~2017 年的网络舆情实时监测分析数据为基础，系统收集整理了近年来我国各地农产品质量安全网络舆情热点问题事件，精选出 60 个舆情热点问题，概括展现了不同舆情事件的起因、演化、消解过程，约请有关专家学者对问题事件性质作出了诊断，提出、整理了问题事件科学解读及风险交流要点，初步形成了公众经常关注的农产品质量安全网络舆情问题的科学解读方案，期望对我国农产品质量安全问题事件舆情应对处置有所裨益。

本书的编撰出版得到了国家农产品质量安全风险评估项目计划及农业部农产品质量安全监管财政专项的支持，得到了农业部农产品质量安全监管局、农业部农产品质量标准研究中心（中国农业科学院农业质量标准与检测技术研究所）领导的亲切关怀、耐心指导和大力支持，也得到了上海市农业科学院农产品质量标准与检测技术研究所、山东省农业科学院农业质量标准与检测技术研究所、重庆市农产品质量安全中心、浙江省农业科学院农产品质量标准研究所等单位有关领导和专家的指导和帮助。舆情热点监测分析工作还得到了北京达邦食安科技有限公司的技术支持，在此一并表示诚挚的谢意！本书在编撰过程中参考了同行专家、网络上有关专家学者的科学研究和科学普及成果，参考文献中可能未一一列出，在此一并表示衷心的感谢！

需要说明的是，关于食品及农产品中添加三聚氰胺、瘦肉精、孔雀石绿等非食用物质或违禁药物的问题事件，虽然舆情关注度很高，但因其纯属违法违规行为，本书未收入。由于编者水平有限，书中难免存在不足之处，敬请各位同行专家和读者不吝赐教。

编　者
二〇一七年九月二十九日

目　录

一、种植业篇

1. 无籽水果是用避孕药种出来的吗？

▣ 舆情表征

2016 年，一段无籽葡萄是用避孕药培育出来的视频在朋友圈疯传，视频中一位"无名水果店"的水果商贩在车内与人对话，称无籽葡萄都"抹了避孕药"，不能给孩子吃。舆情监测发现，有关"无籽水果是用避孕药种出来的"的说法最早出现于 2008 年前后。而后围绕不同无籽水果品种的相关发帖及视频被部分媒体反复炒作。网络中有流言称，无籽水果中含有大量激素，是用避孕药处理来达到无籽效果的，经常食用对人体有害。由于"避孕药"与"无籽（子）"容易引发联想，不少网民表示"以后再也不敢食用无籽葡萄了"。

2012 年 11 月 16 日，果壳网"谣言粉碎机"栏目从无籽水果的由来、植物激素与动物激素的关系等方面对该问题进行了详细而全面的科普。2016 年，农业部组织有关专家通过《人民日报》、新华网等渠道就"无籽葡萄抹避孕药"的谣言进行了辟谣。

▣ 问题实质

"无籽水果是用避孕药种出来的"的说法纯属谣言，是因为一些媒体从业人员及网民对无籽瓜果的培育、生产技术，植物激素与动物激素不了解。无籽水果的生产与避孕药毫无关系。合法使用赤霉素等植物激素是生产无籽葡萄等水果的方法之一，但植物激素不是避孕药，对人没有影响。

✿ 科学真相

❖ 使用避孕药生产不出无籽水果。人用避孕药属于动物激素类物质，只有在进入人体后才能被人的响应识别机制所识别，进而调节体内各项生理指标，使精细胞和卵细胞无法结合形成受精卵，从而达到避孕的目的。但植物体内缺乏相应的受体及信号途径，动物激素制成的避孕药无法被植物识别并起效，也就根本无法给植物"避孕"。

❖ 使用赤霉素等植物激素是生产无籽水果的方法之一。水果的种子（即籽）由植物的胚珠发育而来，而果实（即果肉）由子房发育而来。在水果的生长发育过程中，如果抑制胚珠的发育，同时不影响子房的发育，就能培育出无籽水果。据资料，目前无籽水果的常见培育方法主要有3种。第一种是利用植物激素处理，抑制种子生长而促进果实发育。第二种是通过杂交，使原本能够产生种子的二倍体植物转变为不能产生种子的三倍体植物，无籽西瓜就是用这种方法生产的。第三种是通过寻找自身产生的种子不育但又能够产生植物激素的植物突变个体来生产无籽水果。无籽葡萄是第一种和第三种无籽水果培育方法的典型例子。例如，我国栽培面积最大的巨峰葡萄，如果在葡萄盛花期及幼嫩果穗形成期，用一定浓度的赤霉素进行处理，就可获得无籽巨峰葡萄。'京可晶''大粒红无核'等葡萄品种，由于其自身品种特性，在授粉之后，受精胚囊会很快停止发育，但果实本身可以产生激素，从而使得果实膨大发育为无籽果实。因此，无籽水果与避孕药没有丝毫关系，而且无籽水果不是真的无籽，而是胚珠没有发育成成熟的种子。从营养角度来看，无籽水果与有籽水果并无明显差别。

❖ 使用赤霉素等植物激素对人体无害。植物激素既可以是植物体内自身产生的、可以调节植物生长发育的一类物质（又叫内源性植物激素），也可以是经人工提取或发酵或合成出来的、结构类似或作用类似的物质（也叫外源性植物激素或植物生长调节剂）。例如，植物体内本身含有的赤霉素可以调节生长发育，也可通过人工发酵生产赤霉素，并应用于植物，这种外源添加的赤霉素可以弥补内源赤霉素的不足。植物激素与动物激素在分子结构、作用靶标等方面完全不同，植物与动物在组织结构和激素受体等方面也完全不同，所以植物激素只对植物起作用，动物激素只对动物起作用，人用避孕药没法让水果无籽，植物激素也无法调节人的生长发育。同时，由于植物激素本身毒性都很低，并且使用微量就起作用，降解又快，因此使用后在水果等产品中的残留量极低，对消费者非常安全。正是因为植物激素非常安全，所以美国等国家把许多植物激素列入豁免名单而不必限制使用，也不需要制定残留限量。因此，使用植物激素作为一种现代农业先进技术，具有使用效果好、对人类和动物及环境安全等优点，已在全世界得到广泛使用。

2. 水果上的白霜是农药残留吗？

舆情表征

不少消费者发现，在购买葡萄、蓝莓等水果时经常会看到水果表面泛着一层"白霜"，而且清洗起来很费劲。网络传言指这些"白霜"是农药残留，引发消费者的恐慌。舆情监测发现，网民对水果表皮上"白霜"成分的讨论很早便已开始。2005 年，青岛新闻网称果皮表面的"白霜"是农药残留，对人体有一定毒性。而后，有关"白霜"是否是农药残留的争论一直在网络论坛、微博等媒体渠道反复进行。不少新闻门户网站都曾刊文对"水果表皮白霜是农药残留物"的说法进行过辟谣。2015 年，《中国食品报》等媒体再次刊文指出，水果皮上的"白霜"非但不是农药残留，反而是水果新鲜程度的标志。

问题实质

"水果上的白霜是农药残留"的说法纯属谣言。水果上的"白霜"是水果本身分泌的糖醇类物质，是水果表面的蜡质或果粉，对人身体无害。

科学真相

❖ 像人的皮肤一样，大多数被子植物的表皮细胞外都覆盖着一层角质膜，有些植物的果实（如葡萄、李子）和一些茎、叶（如甘蔗）在角质膜外还沉积着一层蜡质。水果上的"白霜"学名叫做"果粉"或"蜡质晶体"，就是植物表皮细胞角质膜外沉积的蜡质，是自我组装的蜡质晶体。同一个种的不同生长阶段，甚至同一个种的不同品种之间这些"白霜"均有变化。另外，环境因素也会诱导蜡质成分和含量发生变化。植物表面蜡质是防止水分蒸发的主要屏障，对植物适应干旱环境有着积极作用，所以有"白霜"是水果新鲜的标志，而且代表农药残留少。另外，它有助于植物抵抗紫外线辐射，而且由于蜡质不溶于水的特征，可以避免水果表面形成湿润的环境，从而避免病原菌的侵染。从这个角度讲，水果的"白霜"倒像是自己生产的"安全屏障"。

❖ 水果上的"白霜"对人体无害。科学家已经通过色谱等分析方法鉴定了这些蜡质晶体的化学成分，主要是葡萄糖、果糖、脂肪族化合物及一些酵母、植物活性成分等。其中最常见的是长链的脂肪族化合物，包括长链脂肪酸、醛、醇等，另外还有环状化合物及甾醇类化合物等。像葡萄、蓝莓、李子这类水果上的"白霜"的成分主要是五环三萜类化合物齐墩果酸，占 60%~70%。研究表明，齐墩果酸纯品是淡黄色晶体，不溶于水，无毒，而且已被证实具有护肝、抗癌、抗病毒的活性。可见，"白霜"对人身体是没有危害的。

3. 苹果等水果打蜡会致癌吗？

舆情表征

早在 2007 年，有媒体就曾曝出"水果'美容'招数花样百出，将会威胁消费者健康"，指苹果、柑橘等水果通常会打蜡，疑似致癌。2013 年，有媒体报道，市民在削苹果皮时，发现用刀轻轻一刮，苹果表皮出现了不少白蜡。传言称，打蜡的苹果是有毒的，食用容易致癌。2015 年，曾有一段苹果打蜡的视频在朋友圈热传，甚至有网友曝出"5个苹果表皮刮出半斤① 蜡"。

打蜡水果致癌的问题在 2014~2016 年反复出现在网络媒体中，中央电视台等多家主流媒体对该谣言进行过辟谣。

问题实质

"苹果等水果打蜡致癌"问题大多具有谣言性质，原因是媒体从业人员及网民对苹果等水果的打蜡技术及水果自身果蜡性能不甚清楚。一些进口水果为保鲜确实存在给水果（苹果）打蜡的情况，也不排除个别果农或经销商违规使用对人体有害的工业蜡。

科学真相

❖ 水果打蜡现在并不是普遍做法。苹果属于鲜食农产品，成熟采摘后，在长期贮藏和运输过程中，其新鲜度

———————
① 1 斤 =500 克

和品质会发生变化，出现诸如失水、萎蔫、皱缩、衰老等问题。打蜡则能起到保质、保鲜、上光、防止水分蒸发等作用。从我国目前的情况来看，除一些进口苹果和高档苹果外，市场上销售的普通苹果多未打蜡。在种植环节，苹果是不需要打蜡的。以前在销售环节存在给苹果保鲜或为使果面看起来光洁鲜艳而打蜡的情况。然而，随着现代冷链技术、物流技术和交通条件的发展和极大改善，加上其他应季水果在市场上的交替和补充、公众消费观念的改变、购买果蜡及打蜡设备成本较高等因素，现在国内已经不流行给苹果打蜡了。但一些进口苹果或国内的高端品种可能会进行打蜡处理以延长货架期和提高价格。

　　◆　苹果打蜡致癌说法不实。苹果果皮上的蜡主要有3个来源。一是苹果生长过程中表皮自身分泌的一层果蜡。这种果蜡是一种酯类成分，可以防止外界微生物、农药等入侵果肉，对人体无害。二是人工添加的食用蜡，根据《食品安全国家标准 食品添加剂使用标准》（GB 2760—2014），食用蜡是一种食品添加剂，可用于苹果的表面处理，对人体没有害处。三是人为添加的非食用蜡，主要是工业蜡。工业蜡成分比较复杂，其中所含的汞、铅等重金属可能通过果皮渗进果肉，过量摄入会对人体健康产生危害。若苹果存在使用工业蜡的情况，那么果实中就可能检测出铅、汞等重金属。近几年农业部对果品质量安全抽检及风险评估的结果显示，苹果中铅、镉等重金属的含量并不存在超标的情况。近年来，政府部门通过产地监督、风险评估等工作加大了对包括苹果在内的水果质量安全风险隐患排查和监督的力度，连续几年的评估结果均显示，苹果是食用安全的水果种类，苹果打蜡致癌说法不实。

4. 烟台"套袋苹果"有毒么？

舆情表征

　　2012 年 6 月 11 日,《新京报》发了一篇题为《烟台"红富士"套药袋长大？》的采访报道。报道称,记者在当年 5 月下旬至 6 月上旬,对山东栖霞、招远的 S304 省道的多处果园进行了调查,发现苹果树使用药袋的现象很普遍,而药袋中使用的农药是国家禁止使用的福美胂和退菌特。因为药袋要和苹果的幼果接触 100 多天,所以文章提出生长出来的苹果农药残留可能会超标。该报道一出,引起了广大消费者的关注,甚至有人认为,套药袋长大的苹果都是毒苹果。有一部分网友力挺烟台苹果,认为报道不客观,但是另一部分网友对烟台苹果的质量提出了质疑,并且表示不放心,以后不再买烟台苹果了。之后,烟台苹果开始在国内部分城市的超市下架。烟台苹果作为我国驰名商标和国家地理标志认证产品,每年出口达 60 万吨,占全国苹果出口总量的 46%,由于地位特殊,"套袋苹果"的报道一下将烟台苹果推向舆论的风口浪尖,苹果套袋生产技术也被公众所关注。

　　2012 年 6 月 20 日农业部派出专家小组到烟台地区对当地苹果树使用药袋的情况进行了调查,并进行了抽样检测,检测合格率为 100%,没有发现任何农药残留超标的苹果。针对媒体有关报道,山东省烟台市政府立即部署对全市果园进行了全面排查,从监测情况看,烟台市苹果质量总体是安全的、有保障的。在农业部 2010 年和 2011 年两年的质量例行检测和风险评估中，烟台苹果农药残留检测合格率均达到100%。2012年7月7日晚中央电视台"东方时空"的"真相调查"栏目播发了题为《还烟台苹果一个清白》的节目，系统梳理了本次事件的前因后果，对网上有关"套袋苹果"的传言进行了科普辟谣。

问题实质

"套袋苹果"问题系由媒体从业人员没有深入了解苹果套袋生产的科技常识及安全用药范围，盲目炒作并将个别果农违规使用违禁药袋无限扩大所致。苹果套袋是一项苹果生产技术，能减少农药残留。福美胂和退菌特此前在我国并未禁用，可以在果树上合规喷洒使用。但不排除个别果农使用违禁药袋的情况。

科学真相

◆ 苹果套袋能减少农药残留。苹果套袋有两个作用：第一，使果面更加干净，颜色更加鲜艳；第二，能预防病虫危害，减少喷药的次数，减少农药的残留。所以，套袋是一种减少果品农药残留很有效的技术，苹果套袋已在我国苹果主产区大面积应用。

◆ 烟台苹果套袋被关注是因为媒体报道中提到一些果袋中含有福美胂和退菌特两种农药，这些被涂了农药的果袋中可见白色粉末，并伴有农药的味道。这两种药在2015年之前不是国家禁止使用的农药，可以在果树上喷洒使用。根据农业部公告第2032号规定，自2015年12月31日起禁止使用福美胂。

　　❖　药袋的使用比例非常小。调查发现，苹果套袋在山东烟台普及率很高，达到 95% 以上。但是药袋使用比例非常低。因为果农普遍认为，使用药袋自己肯定先中毒，所以很多果农对涂抹了违禁农药的果袋持有抵制态度。

5. "草莓农药残留超标致癌"是真的吗？

舆情表征

　　2015年4月25日晚，中央电视台财经频道"是真的吗"节目播出一组有关北京草莓的报道，称该栏目组记者随机在北京购买的8份草莓均检测出含有百菌清和乙草胺两种农药，前者含量符合国家标准，后者在草莓上没有取得国家允许使用的农药登记，在草莓上也无国家农药残留限量标准，但相比欧盟残留限量标准，有的草莓超标7倍。报道中一位专家说，美国已把乙草胺列为B2类致癌物，如长期食用乙草胺残留食物，可能会导致乙草胺的代谢物中毒，其有致癌性。节目播出后，立即引起公众的强烈关注，相关报道、评论在朋友圈、微博疯狂转发，"致癌"草莓让民怨沸腾不已！北京乃至全国的草莓被推到了舆论的风口浪尖，农药残留更是众家批判的对象，引发消费者的恐慌。

　　2015年4月27日，北京市农业局通过媒体渠道回应了央视报道，并即日成立专项调查组在全市范围内启动对草莓生产过程中农药使用的检查，同时赴北京市草莓主产区——昌平区开展相关情况调查。28日，北京市农业局委托农业部农业环境质量监督检验测试中心（北京）赴昌平区等多个草莓大棚，抽取42个草莓样品进行应急检测，结果并未检出乙草胺。北京市食品药品监督管理局抽检了北京市市场134个草莓样品，也均未检出乙草胺。"草莓农药残留超标致癌"曝出后，《生命时报》第一时间援引有关农业专家的观点对央视的报道进行了质疑。《农民日报》与

《人民日报》分别于2015年5月1日、5月2日刊发专题辟谣文章,详细揭露"吃草莓致癌"说法不靠谱。随后,媒体圈逐渐形成了"拨乱反正"的潮流,有关"乙草胺草莓"问题的科普辟谣成为舆论主流,舆情造成的负面影响得到极大缓解。受致癌说法影响,北京昌平草莓遭遇"滑铁卢"。仅半个月时间,造成昌平区6000栋草莓日光温室经济损失达2683万元,观光采摘游客骤降21万人次,草莓的身价随之暴跌一半多。全国范围内多个草莓种植地区受到影响,草莓种植户亏损数十亿元,各地草莓协会联名起诉央视。2015年5月31日晚7点半,中央电视台综合频道"焦点访谈"栏目专门播出有关农产品质量安全情况的节目,报道认为,包括草莓在内的我国农产品质量安全状况良好,让消费者放心。

问题实质

"草莓农药残留超标致癌"被证实不是真的,而是一种误导。媒体从业人员及相关检测人员没有深入了解草莓生产及病虫草防治的科技知识,没有遵照国家有关农产品质量安全检验检测及结果发布规范,片面渲染乙草胺的致癌性,甚至仅仅根据无法提供副样复检的非法定公证数据进行盲目炒作。

科学真相

❖ 种草莓不能且不需要使用乙草胺。乙草胺是一种芽前封闭除草剂,主要用于玉米、大豆、棉花等大田作物,并且只能在作物出芽前作为土壤处理剂使用,不能处理茎、叶。草莓属于草本植物，对除草剂比较敏感，使用乙草胺会对草莓造成伤害，甚至杀死幼苗或植株。目前草莓种植大多采用地面覆膜，以防草莓触地后发生霉变，同时覆膜可有效抑制杂草，所以也不需要使用除草剂。

❖ 农产品质量安全检测机构必须具备法定资质才能向社会提供公证数据，农产品质量安全状况信息应由农业行政主管部门发布。报道中负责检测草莓样品的北京农学院首都农产品安全产业技术研究院实验室当时并未取得质量技术监督部门的计量认证证书和农业行政主管部门的农产品质量安全检测机构考核证书，不具备国家认定的法定检测资质，不能向社会提供公证数据，其检测结果不具有法律效应。事件发生后，该实验室也不能按要求提供检测副样，以供其他具法定资质实验室复检。并且，该实验室更无权将其检测数据作为农产品质量安全信息对外公布。

❖ 因乙草胺可能致癌的证据不足，是否将其列入 B2 类致癌物有争议，所以中国、美国等许多国家都是允许乙草胺在多种大田作物上使用的。按照致癌物分级，B2 类致癌物虽有致癌的可能性，但无论是对动物还是对人致癌的证据都不足，因此 B2 类致癌物的致癌可能性远远低于包括咸鱼、酒精、烟草、槟榔在内的 B1 类致癌物（已有足够的医学证据和动物实验结果证明其对人和动物致癌）。乙草胺的 B2 类致癌物分级是美国国家环境保护局（以下简称"美国环保局"）在 1996 年前使用的标准，而国际癌症研究机构和美国国家毒物学研究项目都没有将其列入可疑致癌物清单。之后，美国环保局评估也认为，乙草胺虽有致癌的可能性，但癌症的发生概率仅为 8.47×10^{-7}，远远低于美国环保局对癌症的关注水平。

6. 出现大个空心草莓是因为使用了激素或膨大剂吗?

舆情表征

近些年, 网络上关于草莓质量安全的报道不绝于耳, "注入激素催熟导致草莓畸形" "个大空心草莓是使用膨大剂" ……甚至还出现了一个新的词汇: 草莓瘟! 该类谣言通常以 "如何辨别打激素草莓" "教您如何识别草莓是否使用膨大剂" 等为标题出现在贴吧、博客和微信朋友圈中。例如, 2014 年 3 月, 微信中热传, "市场上销售的个头偏大或者长相畸形、不规则的空心草莓可能过量注射了膨大剂之类的激素, 吃了对人体有害"; 2015 年 4 月, 一则关于选购草莓时的提醒在网络上广为流传, 其中提到如果草莓整体发红但 "屁股" 发白的话, 说明是激素使用过量所致, 最好不要购买。舆情监测发现, 每到草莓收获季, 网上就会出现很多 "如何辨识激素草莓" 的文章, 称奇形怪状的草莓为 "激素草莓"。此外, 个头大、果肉有空腔、颜色太红也都被列为 "激素草莓" 的特征。

有关 "畸形草莓有毒" 的谣言由来已久, 相关媒体对谣言的解读也不曾间断。2012 年, 《西安晚报》针对 "巨无霸草莓" 现象进行调查后指出, "使用膨大剂催熟草莓没有必要"; 2014 年, 《新京报》援引相关专家的观点指出, "仅凭外观无法判断草莓是否使用膨大剂"; 2016 年, 人民网记者在深度调查后得出结论, "网传的 '激素草莓辨别方法' 其实 '不靠谱'"。

问题实质

"大个、空心草莓使用了激素、膨大剂"一类问题,是媒体从业人员及网民不了解草莓生长发育过程、品种特性、栽培管理技术、采后生理及膨大剂使用原则而产生的主观臆测,导致了消费者不必要的担心甚至恐慌。

科学真相

❖ 草莓畸形。草莓的生长与温度、授粉、水分、土壤等息息相关,授粉不均、温度过低、光照不足都有可能导致草莓畸形。

❖ 草莓个大。草莓的个头和许多因素有关。其中,最重要的是品种因素,有些品种天生个大。此外,通过人工选择,适当进行疏花疏果,也可以得到个头更大的草莓。道理很简单,草莓光合作用产出的、可以分配到果实的营养物质总量基本确定,选择减少果实数目,就更容易得到个头大的果实。网上盛传的"激素草莓辨别法"基本都是个人的主观臆测。过去几十年来,我国市场上最常见的草莓是'丰香'草莓,这种草莓个头比较小。如今国内外进行草莓育种的目标都很一致,就是果子越大越好,市场上出现的草莓之所以大,是因为其本身就是大果型品种,根据草莓大小来辨别打没打激素是不科学的。

❖ 草莓空心。草莓空心是由多方面原因造成的,品种是最主要的因素。一些草莓品种,如'阿玛奥''阿尔比''八四莓一号''赛娃'等本身具有果实中间空心的特点。还有一些草莓品种的果肉密度小,天生就易出现空心。

其他草莓品种如在果实膨大期遇到肥水管理不当或土壤太干也会产生果实空心现象。使用膨大剂等植物外源激素也有可能造成草莓果实空心。另外，草莓如果采收不及时，就会出现过度成熟导致空心的现象。温度和湿度对草莓生长的干扰也很明显，如雨雪过后，很多草莓都会出现空心。所以，草莓空心主要是由品种特性和栽培管理不当引起的，使用膨大剂等植物外源激素可能是原因之一，但不是主要的。

❖ 草莓果柄发白。草莓果柄发白和是否使用激素没有必然关系，而是和采摘时间有关。当一株草莓进入挂果期时，果实会从绿色变成白色再变成红色。草莓的发色过程实际上是光与内源激素两者共同作用完成的。通常来说，草莓越靠近尖端发育的时间越长、累积的花青素越多，因此草莓的发色过程是从尖端向果柄逐渐进行的，越靠近果柄底部着色越慢。实际生产过程中，尤其是早春在大棚内生产的草莓，由于受光照较弱等影响，着色过程偏慢，且有时由于品种原因（如多倍体等）果实较大，果实基部发色更为推迟。如果等到整个草莓都变红，草莓顶端已经由于过熟而受到损伤，导致整个果实霉变。为了方便运输储存，防止顶端过度成熟而损伤草莓，果农一般不等果实完全变红就开始采摘，这就造成了一些草莓，尤其是大个草莓果柄发白。

❖ 农业部近几年对各主产区草莓质量安全进行了全方位风险评估，结果显示上市草莓的农药残留符合食品安全国家标准规定要求，消费安全有保障，可以放心吃。

7. "草莓农药残留高致大批蜜蜂死亡"是怎么回事？

舆情表征

2014 年 6 月，一个蜂农哭诉草莓种植户打药毒死蜂群的帖子在微信朋友圈中热传。该帖子称，"每年草莓丰收之时就是我们蜂农欲哭无泪之时，草莓园为了预防害虫差不多隔一两天晚上就要打药"，怕白天被采摘客人看见就晚上打，造成蜜蜂大量死亡，"长期吃草莓等于慢性自杀"。文字下面还配发了大量死亡蜜蜂的照片。类似的传言还发生在 2015 年 1 月，一则名为《一位蜂农的忠告》的消息在微信朋友圈中疯传，谣言内容与 2014 年时所传类似——一名"蜂农"说，为了防虫害，草莓园"隔一两天就要打农药"，导致蜂农放养的"蜜蜂大量死亡"，还表示"长期吃草莓相当于慢性自杀"。

2014 年 6 月，有关"草莓喷药毒杀蜜蜂"的谣言传出后，《北京晚报》等媒体采访了农业专家、草莓园园主、养蜂人，发现这种观点缺乏基本常识，纯属臆想。2015 年 1 月 7 日，《现代快报》率先就该谣言进行了科学解读；齐鲁网、新华网等媒体的记者深入草莓种植园区，揭穿谣言的虚假面目。2015 年 1 月 26 日，中央电视台"焦点访谈"栏目以《不是草莓惹的祸》为题对此事进行了专题辟谣科普。

问题实质

"草莓农药残留高致大批蜜蜂死亡"问题系谣言,是因网民不了解蜜蜂采蜜习性、草莓生长发育过程及栽培用药规律等基本常识所致。

科学真相

◆ 草莓蜜少,蜜蜂不会主动光顾。由于成本太高,北京现在几乎没有露天种植的草莓,都是大棚种植,蜜蜂不可能飞进去。而且草莓本身几乎没有蜜,除非是受邀请,养蜂人不会把蜂群摆放在草莓大棚周围,蜜蜂也不会大群光顾。

◆ 草莓园园主请蜜蜂是为授粉,蜜蜂授粉期间不会喷洒对蜜蜂高毒的农药。草莓尽管可以自花授粉,但是长出来的形状不太好,在大棚里没有风,就只有靠蜜蜂这样的昆虫进行辅助授粉,这样草莓才会授粉均匀,外观漂亮。为了保障草莓的品质,从冬季草莓种植开始,就需要购买蜜蜂,一般一个草莓季每个大棚需要 2~3 脾蜂,数量在 6000 只左右。草莓园园主为了防止害虫会使用烟熏杀菌剂,使用烟熏杀菌剂时会把蜂箱搬出棚外。而且为了保证安全,使用杀菌剂后采摘园要过个三五天才再次开放。采集蜂寿命一般是 25 天左右,蜜蜂因为本身的生物学特性,它们会把死蜂搬到巢门外,所以出现巢门外有大批死亡蜜蜂的现象,属于正常现象。网上流传的蜜蜂死亡的图片并不是拍摄于草莓种植棚内。从照片上看,蜜蜂死亡数量达到四五万只,在一个大棚里授粉的蜜蜂不可能这样大量集中死亡。

❖ 草莓开花后一般不再用药。农作物栽培种植没有在夜间打药的，因为夜间温度低、湿度大，对病害防治效果极低。白天上午 9 时左右，作物开始进行蒸腾作用，此时用药，药效和防治效果最佳。正规大棚内种植的草莓，打药时间一般是从草莓苗移进大棚内开始到草莓开花，大约两个月。在这个阶段用的是低毒农药，主要是为了预防此后发生病虫害，草莓开花后一般不再用药，正规渠道的草莓在上市前都会进行农药残留的检测。

8. "西瓜爆炸"是使用了膨大剂吗？

舆情表征

　　相当长一段时间以来，有关水果使用膨大剂的争议在网络中以网帖、图片及视频等形式反复出现、广泛传播。这些爆料称，膨大剂对人体的神经系统有害，也有可能造成儿童发育不良、痴呆等。2011年，江苏省丹阳市700多亩①现代高效设施农业示范园里，许多西瓜未成熟就炸裂，网媒指"膨大剂"是"西瓜爆炸"的罪魁祸首；2012年6月，网民刘某在微博爆料称浙江省余姚市、慈溪市两地的杨梅"喷洒了膨大剂"，适逢杨梅上市时节，该微博内容被广泛传播，严重影响了当地杨梅的销售；2013年和2014年，QQ空间、新浪微博等网络平台在不同省区多次热传着猕猴桃之乡——陕西省周至县果农用膨大剂增产的一组照片，引发当地猕猴桃滞销；2014年，网传"畸形空心草莓含膨大剂"；2014年，浙江多地再次曝出杨梅喷洒了"膨大剂"；2015年，"膨大剂西瓜"再度上网，网络中开始流传"膨大剂是'水果炸弹'"的说法；2016年，再次出现"大个草莓添加膨大剂"的传言。

　　针对"膨大剂水果"问题，农业主管部门、行业专家和新闻媒体做了大量应对工作。2012年，浙江省"膨大剂杨梅"谣言曝出后，浙江省农业厅紧急组织专家赴余姚市、慈溪市调查，并对样品进行第三方检测，结果表明两地杨梅并未喷洒膨大剂。经过公安机关的全力侦破，编发谣言

---

　　① 1亩≈666.67平方米

的博主承认内容虚假，向梅农和网民致歉，并接受处罚。2015 年，农业部组织相关领域专家，从"植物生长调节剂"角度对"膨大剂水果"问题进行了科学解读。2016 年，人民日报社旗下的《生命时报》对"膨大剂水果"问题进行了再次求证，结论表明，"过量使用膨大剂损伤的是瓜果，瓜农反而得不偿失"。

问题实质

"水果使用膨大剂不宜食用"一类问题系谣言，是网民不了解水果生产中植物生长调节剂作用机理及膨大剂合理使用规范等基本常识所致。影响西瓜爆炸的因素众多。膨大剂合理使用无害。

科学真相

◆ 合理使用膨大剂无害。膨大剂属于植物生长调节剂中的一类，它具有加速细胞分裂，促进细胞增大、分化和蛋白质合成，提高坐果率及促进果实增大的作用，常用的有氯吡脲、赤霉酸。这些都是国家允许使用的植物生长调节剂，可用于西瓜、葡萄、猕猴桃等水果，起到改良果实生长状态和品质的作用，如将膨大剂用于猕猴桃主要是调节其生长，预防生理落果，一般在猕猴桃谢花后 20~25 天，用 10~20 毫克 / 升药液浸果 30 秒；在葡萄谢花后 10~15 天，用 10~20 毫克 / 升药液浸果穗，可提高坐果率，使果实膨大，增加单果重量；用 10 毫克 / 升药液喷于采摘下的草莓果实上或浸果，稍干后装盒，可保持草莓果实新鲜，延长贮存期；脐橙可在其生理落果期用 2 毫克 / 升药液涂果梗，抑制落果。我国明确将膨大剂纳入农药管理范围，在农药标签上规定了用药时期、用药剂量和施用方法，标注了使用范围和安全间隔期。我国制定了农药合理使用标准和农药残留限量标准，用以指导和规范农药使用。在实际应用中，大部分果农也会按照标签上规定的用药剂量、用药时期和用药方法施药。因为如果使用时期不当或者擅自提高剂量或处理不均匀，将会导致局部药剂浓度过高，出现畸形果等问题。目前，没有科学证据证明膨大剂会对人体健康产生危害，美国、澳大利亚、日本等国都在广泛使用膨大剂，美国、日本等许多发达国家将膨大剂列入不需要进行毒性管理的豁免物质清单，其残留不需要制定安全限量标准。

❖ 导致西瓜炸裂的因素众多，包括西瓜的品种、天气情况、肥料情况等，膨大剂不是主要诱因。首先，西瓜本身质脆，含水量大且为圆形，易滚动，轻微碰撞很容易开裂，开裂在一定程度上是西瓜的一种正常生理现象。据介绍，西瓜的品种会影响其表皮的脆度，并且与晚熟品种相比，早熟西瓜品种的瓜皮较薄，瓜皮细胞较大、排列较疏松，使得瓜皮缺乏韧性，容易开裂。其次，连续阴雨天后突然暴晒会导致西瓜开裂。这是因为在阴雨天时，低光照和低温容易使瓜皮木栓化，从而降低瓜皮的韧性，随后晴天到来，受光照和温度的影响，西瓜生长速度加快，就很容易撑破瓜皮，造成裂瓜。此外，肥料使用不当也会造成西瓜开裂。施用过多的氮肥会加快西瓜的生长速度，但瓜瓤的生长速度要大大快于瓜皮。这样一来，西瓜就很容易开裂了。而膨大剂不可能直接促进西瓜吸水,增加西瓜内的压力。如果没有天气、水分及肥料等条件的综合影响,膨大剂是很难发挥作用的,不用说让西瓜"爆炸",就是让西瓜快速长大都是问题。

9. 西瓜等瓜果会通过打针增甜增色吗？

舆情表征

2012 年 5 月，微博中传"现在瓜农给西瓜里打药，长得快好卖钱；西瓜都是南瓜秧上嫁接，瓜农自己从来不吃"，并称"打针西瓜"注射了甜蜜素和胭脂红。传言中，"业内人士"甚至表示，"除了西瓜，还有橙子、柚子这样的水果，都很容易用注射方式添加甜蜜素"。"打针西瓜"的消息在网络上流传并引发热议，此后每到西瓜上市的时节，"打针西瓜""甜蜜素西瓜致癌"等谣言在网络中反复传播。例如，2014 年，多个微信公众号发布"紧急通知，有一种西瓜不能吃！"的消息，说有很多黑心商贩给未成熟的西瓜打针，注射禁用食品添加剂甜蜜素和胭脂红，这些添加剂会损害肝肾、影响儿童智力发育。这条信息用了大大的感叹号，通过一个所谓的"业内人士"自揭内幕，揭秘"西瓜内部的悲哀"，说给西瓜打针已经是"西瓜市场的一个公开秘密"。这些传言不仅言之凿凿，而且有图有细节，其中两张图片就专门标示了"打针的痕迹"，在微信中被广泛转发。

除了西瓜打针，网络中还爆料了一些其他水果也存在"打针"的现象。2012 年，一网友发布微博称，他在某果品批发市场看到，有商贩戴着手套，拿着针筒，往青黄的未熟透的柿子里注射一种液体，怀疑是催熟剂；2016 年，网传香瓜底部有眼，疑似是"向香瓜底部注射添加剂时留下的针孔"。

2012 年 5 月，《人民日报》"求证"栏目记者采访了有关专家和西瓜生产地瓜农，明确指出"西瓜打针增甜"是谣言。2014 年 6 月，针对微信中传言"西瓜打针"，中央电视台"焦点访谈"栏目通过现场实验的方式证明，"西瓜打针"不可行。近年来，包括新华网、人民网、《新京报》、《南方日报》等媒体都通过不同方式对该谣言进行了科普辟谣。

问题实质

"打针西瓜"一类网络爆料属谣言，是由部分媒体从业人员及网民不了解西瓜等瓜果的生长发育习性、栽培技术、生理或病理病害及采后生理，加之一些肥料厂商非正当竞争宣传，以讹传讹导致的。"西瓜打针增甜"不仅不可行，还会使西瓜很快变质。西瓜出现"白筋"等是正常现象，非安全问题。西瓜嫁接是国内外普遍使用的种植方式，不影响人体健康。

科学真相

❖ 注射不能增甜，还会使西瓜很快变质。给西瓜打针既不能真正将所谓的增甜成分注入西瓜，也不能改善品质提高售价。在西瓜生长过程中及采收后，对西瓜果实采用打针方式注射液体物质，是不可能被西瓜吸收的。因为植物只通过维管束组织吸收水分与营养，强行注入的液体物质，只会在微小组织内积累，且会破坏西瓜瓤组织特性，不可能像传言中描述的那样西瓜瓤呈红色且汁液也很"丰富"。注射过外来液体的西瓜会在短时间内变质，不利于瓜农与瓜商，不可能成为行业普遍存在的"潜规则"。在西瓜栽培过程中，一亩地西瓜有六七百株苗，瓜苗的维管束十分细小，注射难度可想而知；而且，即使有液体注射到苗中，也要通过植物自身的吸收、转化才能成为果实的成分，甜蜜素、胭脂红是不能被瓜苗正常吸收转化的。育种和栽培技术的发展使瓜的含糖量和甜度有了根本保障，使用打针这样的小手段完全没有必要。

❖ 西瓜出现"白筋"等是正常现象。在传播"西瓜打针"的微博中，还附有瓜瓤中有"白筋""黄色硬块"等照片，认为是"西瓜打针"的证据。西瓜出现"白筋"是由于在西瓜子房发育及果实生长过程中，遇到低温连阴天或管理不当，植株的营养生长与生殖生长不协调，导致子房与果实营养缺乏、发育不良，或者是由在低温下授粉不均匀，部分组织发育受阻造成的，可能影响瓜的味道，但并非安全问题。至于西瓜果实内部出现白籽，可能是因为在早春西瓜授粉中出现授粉、受精不良。同时，无籽西瓜品种出现小白籽是正常现象，与外源物质无关。

❖ 西瓜嫁接是一种国内外普遍使用的种植方式，不影响人体健康。嫁接技术已经使用了1000多年，是利用植物间互补特性提高作物产量的技术，也是有机农业提倡的一种重要生产方式，不会对人体产生危害。对于西瓜生产而言，嫁接是一种必然选择。因为西瓜存在连作障碍，也就是在同一块地上连续种植西瓜，从第二年开始就会出现抗病力降低，病害发生，导致植株死亡甚至绝收的状况。西瓜采用南瓜及葫芦作为砧木来换西瓜的根系，这是全世界解决西瓜连作障碍的有效方法，在很多国家均有大范围的推广。如果采用不当的嫁接砧木或者栽培不当，嫁接西瓜可能口感偏硬，风味稍差，但这不意味着嫁接西瓜可能影响人体健康。

10. 真有"注水葡萄"吗？

舆情表征

2012 年 7 月，南京市桥北区一市民在小区门口买葡萄，回来发现，每颗葡萄上都有将近 10 个类似"针眼"的伤痕，吃了两颗就不敢吃了。这事被其晒到网上后，引起广泛关注。网友怀疑这是"注水葡萄"。看完帖子，很多人表示愤慨，"真受不了这样的商贩"。"注水葡萄"曝出后不少理性的网友对此持质疑态度。《北京晨报》等媒体在第一时间对谣言进行了科普解读。

问题实质

"注水葡萄"纯属谣言，这是因为网民不了解葡萄的生理特性，不熟悉葡萄生长发育及病虫害防治等基本知识。给葡萄注水后很快其会腐烂变质不能食用，徒劳招损。葡萄表面的疑似"针眼"是葡萄生长过程中，病害管控留下的痕迹（病菌残余物等），没有毒性。

科学真相

❖ 葡萄无法注水。有记者到水果摊通过肉眼观察，发现葡萄上还真有许多疑似"针眼"，都是一些白色的小圈，中间有芝麻大的一个黑点。记者买回葡萄，试图用针管注射。细细的针头很容易就扎进葡萄体内，记者缓缓推压针管，水从针头的缝隙汩汩流出，根本注射不进去。拔出针管，水又从针眼里向外冒，被注射的葡萄很快发软、腐烂，不能吃了。随后，记者在多颗葡萄粒上做实验，均无法将水注入。实验证明，葡萄注水绝对不靠谱，纯属臆想。从保鲜角度讲，葡萄皮轻易不能破，一旦破了，营养就会流失，很快就腐烂。再说，500克葡萄有25~30颗吧，发帖者说每颗葡萄打了近10针，1公顷产量为15000千克，这得雇多少人来打针？要多少劳动力啊？

❖ 葡萄表面疑似"针眼"的东西是葡萄生长过程中，病害管控留下的痕迹，没有毒性。葡萄在生长后期，会受到病菌侵染，治愈后，病菌残余物就会在葡萄表面形成小斑点。一般要求果农在采摘前半个月以上不要用药，因此，市民在市场上买回来的葡萄，表皮上的斑点已没有毒性。

11. 柑橘、樱桃、杨梅等水果中有蛆虫吗？

舆情表征

　　网络中经常出现一些有关"水果果肉中有蛆虫"的报道。2008 年，四川省广元市旺苍县暴发大规模柑橘大实蝇虫害的舆情，而后引发连锁反应，江苏、山东、河南、陕西等多地相继曝出"蛆虫柑橘"问题；2013 年，微信中传出"紧急通知：今年樱桃里寄生了一种蛆虫，几乎大部分的樱桃里面都有。找最好看最新鲜的樱桃，放透明玻璃杯中，倒进水后放点盐，大约两分钟就会看到这些蛆虫从完好的表皮往外钻"的消息；2014 年，浙江省部分媒体爆料，"三颗杨梅十几条虫"，引发消费者的恐慌；2015 年，微信朋友圈中再度热传"10 颗樱桃里 9 颗有蛆"。近年来有关水果果肉中寄生"蛆虫"的报道涉及柑橘、杨梅、樱桃和荔枝等多种水果，相关传言数量惊人。

　　2008 年蛆虫柑橘事件造成全国多地柑橘价格下降和滞销，仅北京柑橘的批发价受舆情影响就下跌了 50%。对此，农业部在第一时间组织有关专家应对蛆虫柑橘事件，回应了相关谣言，引导舆论回到正确轨道。对于蛆虫樱桃问题，《人民日报》于 2013 年 6 月 14 日刊文指出，"樱桃生虫"被夸大。《南方都市报》等媒体则就杨梅生虫等舆情进行了现场实验和科普解读。

问题实质

　　有些水果果肉中偶有蛆虫的现象客观存在，部分蛆虫因是检疫性害虫而需要扑灭以防其入侵非疫区。但这些蛆虫仅以水果果肉为食，而不像家蝇的蛆虫那样会传播病原菌，因而对人畜无害，"生蛆虫的水果不能吃"的说法是谣言。部分媒体从业人员及网民不了解柑橘、樱桃、杨梅等的栽培、病虫害发生与习性及防治等基本知识，但过度引申、夸大、恶意曲解、盲目传播，继而引起公众心理恐慌。

✵ 科学真相

❖ 水果上有蛆虫，就像青菜上有青虫，并不影响食用和安全。柑橘、樱桃、杨梅等水果果肉中有时可见到的蛆虫是为害这些水果的实蝇或果蝇等害虫的幼虫，就像有时可在青菜中看到的青虫是为害蔬菜的蛾蝶类害虫的幼虫一样。那为什么大家见到青菜中有青虫很正常，但遇到水果上有蛆虫就害怕呢？关键是因为一个"蛆"字！蛆虫让我们想到的是爬满粪坑的一群蠕动着的恶心小虫子，但请注意这是家蝇幼虫。家蝇蛆虫与水果上的蛆虫虽同属双翅目害虫（所以幼虫都叫蛆），但此蛆非彼蛆。家蝇是腐食性卫生害虫，以腐烂物或粪便为食，不仅令人恶心反胃，而且携带大量病原菌，人吃了被家蝇成虫叮过或家蝇蛆虫爬过的食品就很有可能会生病。然而，水果上的实蝇或果蝇是植食性害虫，以有生命或新鲜的水果为食，没有病原菌，所以水果上即使有蛆虫，去虫后还是可以吃的，就像青菜中有青虫，我们把青虫去掉后青菜还是照吃不误。

❖ 柑橘大实蝇是一种植物检疫性害虫，分布在一定区域，但可通过果实运输远距离传播。一旦在没有发生过柑橘大实蝇虫害的地方（即非疫区）出现，就必须立即全部销毁以斩草除根，切断入侵源头。特别是如在果园已有发生，更要全部摘除虫果、捡拾落果，然后撒上石灰集中深埋、彻底销毁。2008年广元"蛆虫柑橘"事件发生后，当地就是这样大量销毁蛆橘，扑灭柑橘大实蝇疫情的。此疫情非舆情，本来这是植物检疫方面的事情，与农产品安全无关，但老百姓误以为人吃了蛆虫柑橘有害健康，所以政府要销毁扑灭。

12. 樱桃核有剧毒么？

舆情表征

2009 年前后，网络中曾传播过一个视频，一市民吃了樱桃后，感觉肚子疼痛、呼吸困难，送到医院抢救后，被确诊为"氰中毒"。该视频称，樱桃核被嚼碎后，核仁内名为"氰苷"的化学物质会进入人体，与胃酸反应，产生剧毒的"氰基离子"。该视频被加上"紧急通知，小心丢了性命"等字眼后，阅读量很快达到数万。自 2009 年开始，网络中不断出现相关贴文，如某地一名游客在植物园游玩时，摘了樱桃尝了 5 颗，随后腹痛、头晕，晕倒在地。更有甚者传言，有一家 5 口人吃了 5 颗樱桃，当场毙命。除了樱桃核，苦杏仁、苹果种子、土豆、番茄等食物都曾被传言"暗藏杀机"，吃多了可能会中毒。近年来，网民多将冠以"5 颗樱桃核毒倒成年人""樱桃核有毒 千万别吮吸"等类似标题的信息在微信、BBS 论坛等渠道反复传播。新华社、中国网等国内知名媒体都对该谣言进行过辟谣。

问题实质

"樱桃核有剧毒"系谣言，是因为网民对氰苷致人中毒的剂量不了解。樱桃核中确实含有氰苷，但毒性没那么强，5 颗樱桃核中的氰苷含量不足以危及人体健康。

※ **科学真相**

❖ 樱桃核确实含有氰苷，可要通过吃樱桃达到中毒的程度太难了，更何况没有几个人是吃樱桃是不吐核的，消费者不必因此过分担心。如果要将樱桃榨汁食用，建议先将樱桃去核。事实上，每克樱桃核中的氰苷，折算为氢氰酸后只有几十微克，临床上氢氰酸导致人中毒的剂量为每千克体重摄取2毫克左右。假设每克樱桃核能产生50微克氢氰酸，一名体重为60千克的成人吃下2.4千克樱桃核才会出现中毒症状，5个樱桃核的氢氰酸含量远不足以致命，因而"嚼5颗樱桃核就毒倒一个成年人"的说法不科学。从营养学和医学角度来说，这种"氰基离子"经"胃酸转化"致命的说法并不可信。谣言中的信息如果属实，其中毒事件也应该和樱桃核无关。因为游客所处的游览园区，有时管理方为了维护景观，在樱桃上可能打了剧毒农药，也有可能是中毒者当时吃的樱桃根本不是可食用品种。

13. 荔枝生产加工中"泡药水"会引发手足口病么？

舆情表征

　　2015 年 6 月，微信朋友圈曾流传过一张幼儿园小展板的照片，具体情况为"某幼儿园一个小朋友吃了荔枝之后开始发高烧，后来带去看中医，医生说现在的荔枝几乎都是用药水浸泡的，药水有弱腐蚀性，吃完后过一阵子会引起发烧，还可能引发手足口病……"幼儿园甚至放展板提示"请爸爸妈妈近段时间暂时不要买荔枝给小朋友吃。"舆情监测发现，有关幼儿吃荔枝疑似引发"手足口病"的报道最早出现在 2014 年前后。2015 年，微信朋友圈曝出所谓警惕"药水荔枝"的图片后，该类谣言大量出现在网络。不少家长都表示，无论此信息真假，都不敢冒这个风险，也暂时不敢给孩子吃荔枝了。该谣言自 2015 年传出后，《新京报》、新华网等媒体牵头对该谣言进行了解读。

问题实质

　　"荔枝生产加工中泡药水引发手足口病"问题系谣言，是因为网民对手足口病发生机理及荔枝保鲜技术不了解。荔枝"泡药水"实为冰水保鲜，而手足口病是肠道病毒引起的婴幼儿常见传染病，主要通过粪口途径传播，亦可通过飞沫和呼吸道传染，跟食用荔枝没有直接关系。

✦ 科学真相

❖ 食品不是手足口病的传染源。手足口病是由多种肠道病毒引起的婴幼儿常见传染病，传染源是受到感染的患者，传播途径是病毒携带者与健康儿童的直接或者间接接触。食品不是手足口病的传染源，除非是通过分食食品而形成间接接触，否则手足口病无法通过食品来传播。绝大部分手足口病病例都是 5 岁以下儿童，而采摘和流通环节接触荔枝的基本都是成人，加上荔枝食用的时候需要去壳，因此手足口病的流行与食用荔枝之间没有联系。

❖ 荔枝"泡药水"实为冰水保鲜。荔枝有"一日色变、二日香变、三日味变"的说法，保质期较短。荔枝从种植园采摘后，为保持其香味和颜色，在运输过程中会进行一些保鲜处理，常常使用冰水、冰块等降低荔枝储存环境温度，抑制荔枝的呼吸强度，起到保鲜、延长贮藏时间的作用。利用冰水、冰块保鲜是行业内公认的保鲜运输模式，不会给消费者的健康带来威胁。一些不法商贩为了让荔枝的颜色更鲜艳、卖相更好，可能会用违禁药水给荔枝上色、保鲜，但一般药水会有刺鼻的味道，一闻就能闻出来。

14. 香蕉"艾滋病"能传染人吗？

舆情表征

2014 年 12 月前后，有媒体爆料香蕉染上了一种类似"艾滋病"的病害，全世界香蕉或将面临灭顶之灾。该新闻一出引发网友的恐慌，"难道以后没有香蕉吃了？"微信、QQ 群中，"香蕉艾滋病"已经被演绎为"可以从香蕉传递到人体的艾滋病病毒"。相关舆情通过微信、微博和 QQ 群等渠道快速传播。舆情监测发现，"香蕉艾滋病"的报道的实质系 2014 年 4 月 4 日英国《独立报》的网站报道的香蕉枯萎病危害情况，认为该病将给世界香蕉产业造成较大影响，但文章并没有提到"艾滋病"这个词。而在随后的转载中，此消息被硬加上"艾滋病"这一伪概念，并在网络上加以扩散传播。《北京科技报》《生活报》等媒体援引相关专家观点在第一时间对香蕉感染"艾滋病"问题进行了辟谣科普。

问题实质

"香蕉感染'艾滋病'并有可能传染人类"属于谣言，一些媒体从业人员及网民缺乏香蕉病害发生及防治技术等常识，利用了人类对"艾滋病"的恐惧而制造出恐慌情绪。"香蕉艾滋病"只是香蕉树的一种植物性病害，不存在从植物向动物传染的可能性，也并不会导致香蕉灭绝。

☢ 科学真相

❖ "香蕉艾滋病"是一种植物性病害，就是香蕉枯萎病（也称黄叶病），香蕉一旦染上此病，使得香蕉维管束组织闭塞，水分及养料便无法在树内输送，运输的通道被截断了，叶片就会表现枯萎、发黄，到最后植物就会死亡。从植物病理学来看，这是一种植物的真菌性病害，病症全称为"黄叶病热带第4型"。黄叶病曾在1950年暴发，当时侵害香蕉的一个品种'大米七'。20世纪90年代，黄叶病曾在马来西亚和印度尼西亚再度暴发。1996年，广东香蕉就曾经遭到这一疾病的袭击，福建、海南、广西、云南等省（自治区）曾出现过类似病害。2013年广西部分地区也曾经发生过此类植物性病害。可见，"香蕉艾滋病"只是香蕉树的一种病害，是植物性病害，不存在从植物向动物传染的可能性。当人和动物食用了这种香蕉不会感染生病，其更不会威胁人类健康。

❖ "香蕉艾滋病"并非"绝症"。香蕉遭遇此病害真的会灭绝吗？这是不必要的恐慌。虽然黄叶病比较难治，但它只是一类普通的真菌病害，不仅香蕉树可能会感染，其他植物也可能感染，它也并不会导致香蕉绝种。虽然防治黄叶病目前还没有特效药，但综合防控技术已经在蕉区推行。据不完全统计，目前国内香蕉产区的黄叶病感染率低于10%。香蕉若在未抽蕾前感染黄叶病，一般不能正常抽蕾；在抽蕾期感染，一般没办法正常成熟，而且香蕉枯萎病菌不会侵染香蕉果实。

15. 甘蔗有剧毒吗?

舆情表征

近年来,每到春季,各种媒体上就会出现有关"红心甘蔗有剧毒"这样的报道,引起了公众对甘蔗消费安全的担心。2012 年 7 月,"吃甘蔗中毒"成为微博热点。当时有微博称,"一家两人因吃甘蔗中毒都变成植物人了。久放后甘蔗易霉变,霉变甘蔗毒性大。切开后,断面上有红色丝状物,食用后会中毒。吃了 2~8 小时后,出现呕吐、头晕等症状,严重的会导致昏迷和死亡。甘蔗中毒目前无特效治疗方法!赶快转给你身边的人吧!!"早在 2012 年 3 月,天涯论坛中就出现了相关传言。2015 年清明前后,一条题为《比毒蛇还毒,清明节后千万别喝这个!》的消息在微信和微博间流传。微信文中写道,"甘蔗营养价值高,水多汁甜,备受人们喜爱。作为一名甘粉,甘蔗无疑是最棒的一种水果。可是你造吗?民间有这么一个说法,那就是'清明蔗毒过蛇',意思就是清明后的甘蔗那简直比毒蛇还要毒。"

2012 年 7 月,正值"一家两人食用甘蔗成植物人"谣言传播高峰,中国网络电视台等媒体采访了中国农业大学食品学院营养与食品安全系主任何计国副教授等专家,就相关谣言进行了及时科普解读;2016 年,"红心甘蔗"传言再起,《农民日报》邀请农业部农产品质量安全专家组专家就这一问题进行了解读。

问题实质

"吃甘蔗中毒"问题系传言，是因为网民不清楚甘蔗蔗茎变红机理，夸大其词。不是所有的甘蔗都会变红霉变。变质的甘蔗不要食用。

科学真相

❖ 甘蔗变红是由于霉变。甘蔗蔗茎变红主要受种植地区气候条件和植物病原菌两个因素影响。南方地区早春季节，气温逐渐回暖，且空气比较潮湿，是植物病原菌开始活跃的时期，甘蔗病原菌也不例外。甘蔗蔗茎发红，出现腐烂变质一般发生在这一季节。这是由于甘蔗凤梨病或赤腐病等的病原菌通过砍刀伤口或蔗螟等的虫孔入侵蔗茎，3~5 天后切口或伤口变红，随后向蔗茎的两端侵染扩散，纵剖蔗茎可见内部组织变成红色或红褐色；严重时会产生菠萝味、酒糟味及酸辣味。

❖ "清明蔗毒过蛇"言过其实。媒体的报道中提到红心甘蔗有毒，是因为甘蔗霉变滋生的节菱孢霉菌，能产生一种神经性毒素物质 3- 硝基丙酸，被人误食后可能导致丙酸中毒。节菱孢霉菌本身不是甘蔗的病原菌，但是国内的文献报道过从变质的甘蔗汁分离到这种病原菌，这或许是极少数案例。俗称"清明蔗毒过蛇"有些言过其实，并不是所有的甘蔗都会变红霉变。甘蔗在经过长时间的储存或储存不当，以及在适宜病原菌生长繁殖的环境条件下，可能会发生品质劣变或霉变，正如日常生活中的食物变质，不宜夸大其词。当然，红心变质的甘蔗不要食用。

16. 市售果蔬洗煮过程中掉色是不是因为染色了？

舆情表征

2012 年 9 月，南京市民朱女士将从农贸市场买来的黑玉米煮熟之后，原来的清水竟然变成了一锅"墨汁"，让她怀疑这玉米被染色了。2012 年 12 月，一网友发微博称，自己在超市买了紫薯，晚上一煮，吓一跳，水变成了绿色，他怀疑自己买的紫薯是染了色的普通红薯。2013 年，豆瓣等论坛中盛传，"买回家的草莓用水浸泡后，草莓表面泛白，水则变红了，疑似染色草莓"，另有网友称，"正常情况下草莓表面的种子是金黄色，如果是红色的可能是染色草莓"。2015 年，媒体报道厦门一消费者在淘洗从超市买回的黑米时，看到米汤颜色乌黑，怀疑买到了"染色黑米"。2016 年，多家媒体爆料，有消费者买到"染色小葱"等。归纳发现，涉及"染色"问题的果蔬主要包括黑糯玉米、紫米、黑米、草莓等，主要特征为存在掉色现象。

问题实质

"果蔬染色"一类问题多系谣言，主要是因为网民对水果、蔬菜的品种特性、果蔬中存在的花青素等基本常识不了解。植物天然色素主要有脂溶性色素与水溶性色素两类，天然花青素是一种广泛存在于植物中的水溶性色素，当细胞壁破损时，如清洗、蒸煮等过程中，花青素就会溶解到水中。花青素不仅无毒无害，而且有利于健康。水果、蔬菜、花卉等五彩缤纷的颜色大部分与之有关。但不排除极个别商贩通过非法染色加工部分农产品（如染色柑橘、染色红毛丹、染色花椒、染色小米等）"以次充好"。

✾ 科学真相

❖ "墨汁玉米"其实是黑糯玉米。黑糯玉米是一个全新的品种。"墨汁"的产生是因为此种玉米中含有水溶性黑色素，俗称"花青素"。而这种花青素是无毒无害的，完全可以放心食用。而且就其价值来看，它有抗癌、增强免疫力的功效，有一定的食疗作用。在玉米的表层有一光亮的蜡质层，一般来说很难对其染色，就这种黑糯玉米而言，连它的心儿都是黑色的，普通的染色就更难做到了。

❖ 紫薯水煮掉色属正常现象。紫薯里也含有水溶性色素花青素，花青素可以随细胞液的酸碱性改变颜色。细胞液呈酸性则偏红色，细胞液呈碱性则偏蓝绿色。如果煮紫薯的水呈碱性，紫薯中的花青素在这种环境里就呈现出蓝绿色，这是一种正常现象。

❖ 草莓不适宜染色。草莓保鲜期很短，尤其是沾水后极易腐烂。如果用染色剂去染草莓，染色的过程必定会接触到水，这样会使草莓还没上市就腐烂了。因为草莓本身就是红色的，拿在手上稍有点破损就会导致手指变红，放入水中一会儿也会使水变红。另外，草莓太熟或者放久了也会出现掉色现象，这都是草莓自身的天然色素溶出所致。此外，草莓种子是外露的，种子颜色随着草莓的成熟度在不断变化，草莓果实是青色时，种子也是青的，等草莓熟透了，种子也会随之变为红色。

❖ 黑米、黑豆、黑芝麻等泡水后适度脱色是正常现象。黑米本来就含有花青素，而花青素溶于水后，就会使水变成紫褐色。一般有颜色的谷物泡水后都会掉一些颜色，这是正常现象，而且水温越高花青素溶出越快。其实目前市面上的染色杂粮、谷物非常少，这是因为要将普通米染成高逼真的"黑米"，技术、染料上的代价太高，那样做，很可能得不偿失。

❖ 小葱等蔬菜掉色可能是农药残留。小葱表面若出现"蓝色物质"残留，正常情况下是用于保护作物的杀菌剂残留。类似的情况也发生在西芹、韭菜等叶菜类蔬菜上。这种杀菌剂是低毒的，是允许在上述产品中使用的，且易溶于水，能通过浸泡、冲洗去除。

17. 黄瓜 "顶花带刺" 是抹了避孕药吗?

舆情表征

"黄瓜使用避孕药" 近年来一直在网络中传播。一些媒体平台、网帖及视频称，头顶小黄花的黄瓜在全国各地的农贸市场随处可见，本该 "瓜熟蒂落" 的黄瓜直到上市仍然 "顶花带刺" 是用激素蘸花的结果，而这种激素等同于 "避孕药"，食用后会影响人正常生长发育。例如，2016年4月5日，温州市一微信公众号推送了一个题为《黄瓜出事了，温州人速看!》的视频。视频的录制现场为山东省淄博市张店某菜农种植的黄瓜大棚，采访中问及菜农原本该 "瓜熟蒂落" 的黄瓜为何直到上市仍然 "头顶带花"，视频中的受访人随即表示这是用激素蘸花的结果。接下来，视频中人员又采访了一位 "营养学家"，其称菜农所说的这种激素等同于 "避孕药"，食用后会影响人正常生长发育。舆情监测显示，该条舆情始于2011年前后，由来已久，对消费者造成了不小的影响，不少市民信以为真，并借助微信等新媒体平台 "善意" 地传播。

值得注意的是，除了声称 "顶花带刺" 的黄瓜是 "抹避孕药" 所致的问题外，黄瓜问题在传播过程中还逐渐出现了一些 "变体"。例如，2013年1月，有媒体爆料 "市民咬过的黄瓜还长个，是激素所致，不能吃"；2015年1月，网络传言 "直黄瓜是激素药物所致，弯黄瓜才是天然食品"；2015年8月，有市民通过媒体爆料，"黄瓜放了几天后，'肚子' 跟怀孕了一样，鼓出来很多，疑似激素用多了"；2015

年9月，网络上传言称，在菜市场上偶尔出现的"连体黄瓜"是使用激素造成的，激素导致黄瓜形态发生了变异，"连体黄瓜有毒"。

对于"黄瓜抹避孕药"的谣言，政府、专家和媒体曾多次辟谣。2013年，上海市食品安全监管部门对市售带花黄瓜进行了安全性专项监测，未发现违规现象；2015年，农业部农产品质量安全风险评估实验室（杭州）主任王强研究员从植物生长调节剂的功能作用与农产品质量安全性角度对相关问题进行了科学解答；2016年，"避孕药黄瓜"谣言再起，多地农业部门再次组织相关专家进行了集中辟谣。

问题实质

"黄瓜使用避孕药"问题系谣传，是因为媒体从业人员和消费者不了解黄瓜生长发育过程、植物激素与动物激素的区别，以及动物激素对植物生长发育不起作用。"顶花带刺"黄瓜不完全是由使用激素产生，自然气候条件适宜时黄瓜也会顶花带刺。

科学真相

❖ "避孕药黄瓜"纯属谣传。人们常说的避孕药是动物激素，对黄瓜生长发育没有任何作用，不可能使用在黄瓜上。人们之所以谣传使用避孕药，可能是因为黄瓜上使用的植物生长调节剂能促进黄瓜生长发育，具有激素的作用，避孕药也是激素，结果传来传去，最后传成了黄瓜使用避孕药。这完全是一种误解，是把植物激素与动物激素混淆了。植物激素只对植物有作用，对人和动物无作用，更不可能引起儿童性早熟。我国允许在黄瓜上使用赤霉素、芸苔素内酯、氯吡脲等 10 种生长调节剂，都是植物激素，与动物激素在性质、结构、功能、作用机理等方面是完全不同的两类物质。好比植物花粉的主要成分就是植物的精子，但人吃了植物花粉并不会怀孕。

❖ 黄瓜"顶花带刺"与"避孕药"无关。黄瓜基本上是雌雄同株异花，偶尔出现两性花。黄瓜果实为假果，可以不经过授粉、受精而结果，结出"顶花带刺"的黄瓜。冬春季节在保护地中进行黄瓜栽培，由于受低温、短日照、弱光等影响，黄瓜植株生长势弱，生长缓慢。黄瓜在低温、短日照条件下雌花数量多，坐果率低，影响黄瓜产量，因此，种植户常常在开花当天或前一天用浓度为 50 毫克 / 升左右的氯吡脲药液涂抹花柄，以提高坐果率、增加产量。冬春季节生产的"顶花带刺"黄瓜，部分是由自然单性结实产生的，也有个别是使用氯吡脲的单性结实而产生的，并不是由使用"避孕药"所致。

❖ "顶花带刺"黄瓜可放心食用。国内外从来就没有发生过因为吃了使用植物生长调节剂的农产品而引起食物中毒的事例。植物生长调节剂是一类具有调节和控制植物生长发育作用的农业投入品，被归为四大类农药中的一类进行管理，由人工合成或通过微生物发酵产生，也可从植物体中直接提取，俗称植物激素。激素是生物体在正常生长发育过程中所必不可少的，缺乏激素或激素不够，会直接影响生物体的正常生长发育。植物激素针对植物起作用，动物激素调控动物的生长发育，两者的作用靶标和机理完全不同。使用植物生长调节剂作为高产、优质、高效农业的一项技术措施，已在全世界得到广泛应用。包括美国、欧盟、日本等发达国家和地区，目前全球正在使用的植物生长调节剂有 40 多种，如乙烯利、赤霉酸、萘乙酸、吲哚丁酸、多效唑、矮壮素等，主要应用在水果、蔬菜、马铃薯、大豆等上。例如，欧盟已登记了 26 个有效成分和 197 个制剂产品，允许这些植物生长调节剂在登记范围内的农作物上使用。我国目前已登记允许使用的植物生长调节剂共有 38 种，常用的有乙烯利、2,4-D 和赤霉酸等近 10 种，主要用于部分瓜果、蔬菜等。植物生长调节剂由于使用量非常少，降解又快，均在花期和坐果初期使用，离采收期的间隔时间较长，一般在成熟、收获的农产品中残留很低，即使个别产品有残留，也是微乎其微，上市蔬菜、水果中基本不会有植物生长调节剂残留。根据 2015 年、2016 年两年国家农产品质量安全风险评估重大专项"果蔬植物生长调节剂使用调查与产品安全性评估"的结果，柑橘、葡萄、番茄、黄瓜等果蔬生产使用低毒或微毒的植物生长调节剂可以达到增加产量、改进品质、提早收获等目的，同时由于使用微量、代谢快等，收获期农产品中残留有植物生长调节剂的样品仅为极个别，而且残留的量值极低，远远低于食品安全国家标准残留限量值。市场监测没有发现有残留超标的样品，均符合国家法定食品食用安全要求。在国际上，未发生过植物生长调节剂残留相关的食用安全事件。因此，使用过植物生长调节剂的农产品，消费者可以完全放心吃。

❖ 直黄瓜、弯黄瓜都可在自然条件下生长形成。生长条件决定黄瓜弯直的比例，品种对其也有影响。一般来说，直黄瓜才属正常。温度、光照、水肥等条件比较好，植株生长健壮，直黄瓜出现的比例多。如果环境条件不好，出现低温弱光、高温强光、缺水、养分不足等情况，导致黄瓜早衰或者生长不良，植株结出的弯黄瓜所占比例可能会高。在北方地区，日光温室内3~6月这4个月里正常结果的黄瓜中直瓜比例高；但到了7~8月，在高温、多雨、强光的情况下，生长环境发生变化，导致植株早衰，弯黄瓜的比例就高。前期植株长得不壮，营养不足，结的果实出现不正常的情况较多。到了后期，植株衰老，弯黄瓜比例较高。所以，科学家就想出一些办法来调控，以减少弯瓜的比例。一般使用氯吡脲来调节。氯吡脲是植物生长调节剂，正常使用对人体生长发育无作用和影响。在植株生长前期，温光条件不良，植株生长不健壮，或者后期植株早衰时，在黄瓜花上涂上浓度适宜的氯吡脲，可以改善果实的生长状况，同时可以减少弯黄瓜的比例，提高黄瓜的产量和商品价值。不只中国在用氯吡脲，国外也在广泛使用。

❖ 连体黄瓜不影响食用。一般情况下，连体黄瓜是由黄瓜花的两个或多个子房在雌蕊中生长发育时，长期紧挨在一起，部分细胞、组织之间出现愈合，营养成分、生长物质互相交流造成的；还有可能是由黄瓜孕育花苞时基因发生突变，导致开花时两个花蕊连在一起造成的。但由于子房都有一定间隙，紧挨在一起的机会很小，因此连体黄瓜出现的概率并不高。蔬菜中时常有这类连体蔬菜，其中黄瓜、番茄比较常见。樱桃、草莓、香蕉等水果也常见到连体的。连体蔬菜、水果吃起来与正常的蔬菜、水果没什么不一样。农业技术专家解释，"连体果蔬"是果实在生长发育中受到环境的影响没有分化好造成的。除了外形和普通果蔬不一样之外，其营养价值和正常蔬菜、水果没有大的差别，不会对人体造成伤害，可以放心食用。

18. 有虫眼的蔬菜更安全吗？

舆情表征

"有虫眼的菜肯定没施农药"是人们对果蔬农药残留的一种错误认识。网络中很早便出现了相关的传言：买菜时挑虫眼多的蔬菜，认为虫眼多表明没喷洒过农药，吃起来安全。近年来，伴随着微博、微信等新媒体渠道的成熟，相关谣言在网络中再度泛滥。

网络中针对这一谣言的解读也很早。2001 年 5 月，《健康时报》就刊文质疑了这一观点。2016 年，《新京报》《济南日报》等媒体相继就有虫眼蔬菜的安全性问题进行了求证分析。

问题实质

"有虫眼的蔬菜更安全"这一传言没有科学依据，是由于部分网民对蔬菜病虫害发生及防治技术不清楚，对农药残留问题过分敏感，将"有农药残留"与"农药残留超标"等同。有虫眼蔬菜未必安全，虫眼不应当作为购买蔬菜时的挑选标准。

科学真相

❖ 有虫眼蔬菜并不等于没打农药。在农业生产中，病虫害防治讲究"防患于未然"，作物一旦遭受病虫害，防治就难了。以蔬菜为例，一旦蔬菜被吃出洞，菜农为了"抢救"蔬菜，可能会使用更高浓度或大剂量的农药，以期快速除虫。所以说，虫眼不应作为挑选安全蔬菜的评价标准，有虫眼的菜很可能是没有做好早期虫害防治，并不等于没打农药。

❖ 有农药残留不等于农药残留超标。很多人担心农药能毒死虫子，那残留的农药也可能危害人体健康。其实现在允许使用的都是高效低毒选择性农药。所谓高效低毒是指对害虫高效，对人和高等动物低毒，并且不仅考虑食用安全，同时还兼顾喷药者安全和环境安全。农药使用后在农产品中检出残留是正常的，只要残留不超标，消费者就可以放心食用。农药残留超标或不合格的农产品是不得销售的，但也不一定是有毒食品，只有超标到一定程度才有可能危害人体健康，就如我们吃了刚刚过期的食品往往也不用过分担心一样。所以，我们对农产品中的农药残留问题应理性对待，大可不必产生恐慌心理。

19. 食用"甲醛白菜"会得白血病么？

舆情表征

2012 年 5 月，有媒体报道，山东省青州市一些地方被传出有部分蔬菜商贩使用甲醛溶液喷洒白菜进行保鲜的现象。记者实地调查时发现，这一做法在部分春白菜的长途运输中确实存在。一些菜商反映，喷甲醛给大白菜保鲜的方法已沿用三四年。近年来，"甲醛白菜"舆情持续不断。例如，2015 年 6 月，有媒体曝出河北、山东等地蔬菜批发市场中贩卖的白菜喷洒了甲醛溶液，将其作为白菜防腐的特殊保鲜剂。而早前，世界卫生组织已将甲醛列为一级致癌物，并报告称甲醛超标可能诱发白血病。因此，甲醛白菜会导致白血病的消息在朋友圈不胫而走。在部分媒体的报道中，把喷白菜的这种甲醛溶液称为浸泡尸体用的"福尔马林"，引发消费者的恐慌。

自"甲醛白菜"可致白血病的谣言出现以来，国内多家媒体对此进行过辟谣。2015 年 6 月，北京市科学技术协会、北京地区网站联合辟谣平台、北京科技记者编辑协会共同发布了当月的"科学流言榜"，对该谣言进行了解读。

问题实质

"甲醛白菜"问题中不排除有些商贩人为喷洒甲醛溶液保鲜白菜。甲醛是被禁止作为农产品保鲜剂使用的，但甲醛白菜的危害不如传言描述的那样大。传言中"甲醛白菜"

可致白血病，乃至将一般甲醛溶液等效为福尔马林溶液的说法缺乏科学根据。

✵ 科学真相

❖ 用来喷白菜的甲醛溶液并不能称为福尔马林。白菜水分多，易腐烂，特别是易发生红根现象。个别不法商贩为了给白菜保鲜，用低浓度（约为0.1%）的甲醛溶液蘸白菜根。而我们日常所说的福尔马林，是浓度为37%~40%的甲醛溶液，伴有强刺激性气味，一闻就闻得出来。

❖ 甲醛本身易挥发，也容易洗干净，吃白菜不用恐慌。甲醛确实可能诱发人体患白血病，但需要达到一定的浓度。甲醛极易溶于水，易挥发，在运输、市售环节，"甲醛白菜"上的甲醛挥发了一大部分，再经过浸泡、清洗、烹饪等环节，残留下来的甲醛微乎其微，不足以诱发白血病。因此，甲醛用于白菜保鲜虽属违规，但"致白血病"的说法有过分夸大之嫌。

20. 胶带捆绑蔬菜会导致甲醛超标吗？

舆情表征

2013 年开始，一些有关"胶带捆绑蔬菜致甲醛超标"的传言在网上传播，引发网友热议。这些消息称，超市里常见的捆绑蔬菜的胶带会导致蔬菜甲醛超标，而食用了这些蔬菜后会对人体产生危害。舆情监测显示，"胶带捆绑蔬菜甲醛超标"的说法，在 2013 年、2014 年、2016 年均引发过网民的关注。其中，2014 年 8 月 18 日中央电视台新闻频道曾报道称，在用胶带捆绑的蔬菜里，与胶带接触的蔬菜部分甲醛竟超标 10 倍。该报道援引西南大学化学化工学院应用化学专业一位副教授的话表示，超市里用于捆绑蔬菜的胶带，主要成分是聚丙烯酸酯。如果市民将粘有胶带残留的蔬菜进行高温烹饪，或者用一些溶剂清洗，部分化学物质就会分解、溢出，长期食用与胶带直接接触的蔬菜，会对消化系统和肝肾系统产生毒性作用。而后，大量自媒体转载传播了中央电视台的这一报道。这些自媒体在摘编文字内容时，刻意选择了"胶带蔬菜对健康有严重危害"的表述。时至 2017 年，关于捆绑蔬菜的胶带"有毒""甲醛超标 10 倍""长期食用这样捆绑的蔬菜可能致癌"的说法仍然在互联网上热传。

2017 年 1 月 15 日，《人民日报》"求证"栏目对胶带捆绑蔬菜是否有危害的问题作了权威解读。

问题实质

"胶带捆绑蔬菜致甲醛超标"属于不实传言。媒体近年来不断地"旧闻新炒"是该传言"长盛不衰"的主要原因。胶带多用于超市货架或室内农贸市场,甲醛的水溶性、挥发性均强,与蔬菜接触时间短,很难转移到蔬菜中。严格按照相关标准生产的胶带不会对蔬菜质量安全产生影响。

科学真相

❖ 农产品在从产地到批发市场过程中,都是大宗包装储运,并无使用胶带现象;传统农贸市场摊贩销售农产品大都以散卖为主,较少使用胶带。胶带多用于超市货架或室内农贸市场,主要是供货商为方便计量计价采取的分拣措施。常见的胶带是由基材和粘合剂两部分组成的。平时捆绑蔬菜用的胶带,一般以聚丙烯薄膜为基材,经过涂抹黏合剂制成的。有些黏合剂在制作过程中使用甲醛作为辅料,若反应不完全,就可能存在少量的甲醛残留。塑料膜和黏合剂都是聚合物,在常温放置的条件下很稳定,降解而释放大量甲醛的可能性极小。蔬菜捆绑用的胶带只有很窄的一条,其甲醛残留量很低。甲醛的水溶性和挥发性很强,与蔬菜接触时间短,很难在蔬菜表面积累。国家标准 GB 9685—2016《食品容器、包装材料用添加剂使用卫生标准》中明确规定,甲醛可用于食品接触性黏合剂生产,最大残留量应小于 15 毫克/千克。目前我国还没有食品专用胶带,但对食品接触材料有严格的质量安全标准和规定。严格按照相关标准生产的胶带不会对蔬菜质量安全产生影响。

❖ 农业部近两年排查和风险评估结果显示，胶带捆绑的蔬菜样品甲醛含量低于检出限。2016年7月，针对市民的顾虑，深圳市计量质量检测研究院配合深圳市食品药品监督管理局在当地6家超市随机抽检了11个胶带捆绑蔬菜样本，对胶带直接接触部分的蔬菜甲醛残留量和甲醛迁移量等指标进行检测。参照相关标准进行评价后的结果表明，11个蔬菜样本均未检出甲醛。农业部农产品收贮运环节质量安全风险评估专项近两年对蔬菜捆绑带质量安全也进行了摸底排查和验证评估。结果表明，大部分捆绑带的甲醛残留量均符合国家标准，尤其是"三品一标"农产品专用捆绑带，甲醛残留量不超过2毫克/千克，远低于国家规定的食品接触性黏合剂中甲醛最大残留量15毫克/千克。个别捆绑带检出甲醛超标，该类问题胶带可能来自工业胶带小作坊。专项对胶带捆绑蔬菜中甲醛残留量验证的结果显示，所有样品甲醛含量均低于检出限。

❖ 微量甲醛普遍存在于水产品、水果、蔬菜、牛奶等食品中，但可通过水洗和烹饪手段去除。绝大多数新鲜果蔬中甲醛含量都在1毫克/千克以下，最高不超过5毫克/千克，部分动物产品甲醛含量稍高，如新鲜鱿鱼甲醛含量约为20毫克/千克。甲醛易溶于水，高温时易挥发，水洗和烹饪都是去除甲醛的有效办法。美国环保局规定甲醛每日允许摄入量为0.2毫克/千克体重。按照一个体重为60千克的成年人计算，每日甲醛摄入只要不超过12毫克，就不会对健康产生影响。以白菜为例，其甲醛本底含量约为1毫克/千克，也就是说每日摄入不超过12千克白菜，就不会因甲醛中毒。

21. 蒜薹或香蕉蘸甲醛保鲜吗?

舆情表征

2016 年 5 月前后,微信中频繁传播一个"蒜薹蘸料"的视频。视频中,两名身穿塑料雨衣、手戴塑胶手套的中年妇女,每人面前各有一个大盆,盆中有大半盆的乳白色液体。她们正一捆一捆地把蒜薹往这种乳白色液体里浸泡。浸泡大约 1 秒后,就往右边平板上转移。视频很短,约 10秒。网民转发时配以"甲醛浸泡蒜薹保鲜"之类的文字说明,更有甚者注明"这是一个在三亚第一市场卖菜的有良心的朋友发来的"。该视频以微信为主要传播渠道,相关问题引发市民的不安情绪,不少民众看到之后颇为担心,视频中的不明液体到底是什么?蘸了"料"的蒜薹是否对身体有害?刚上市的当季蒜薹还能放心吃吗?有人怀疑神秘"白汤"是福尔马林溶液。同期,微信中又传出了一条类似视频,标题为"香蕉浸泡的白色液体是甲醛或者甲醇等有毒液体",再度引发网民恐慌。

2016 年 5 月,农业部在监测到相关舆情后,随即组织了有关专家通过不同网络渠道对该事件进行了科普解读。

问题实质

"蒜薹或香蕉蘸甲醛保鲜"系谣言,主要是由于网民不了解果蔬保鲜剂使用规范,以及对食品"三剂"使用的过敏性恐慌。浸泡蒜薹、香蕉的白色液体是一种合法使用的保鲜剂。

◈ 科学真相

❖ 浸泡蒜薹的白色液体是保鲜剂。5月正是蒜薹收获的季节，网上那段视频录的就是蒜薹收获后、入库贮藏前的处理，用来浸泡蒜薹的乳白色液体是一种蒜薹保鲜剂，其主要成分是咪鲜胺，可有效抑制蒜薹在贮藏期发生霉变、老化，结合冷库贮藏可使蒜薹的贮藏期延长至8个月以上。咪鲜胺是一种广谱、高效的杀菌剂，在我国被允许使用于芒果（杧果）、柑橘、黄瓜、香蕉的贮藏保鲜中。常温下咪鲜胺的半衰期约为10天，1个月后降解率可达90%；冷库条件下70天左右其降解率可达90%，若蒜薹贮存8个月，其中残留的咪鲜胺大部分已降解。近年来对蒜薹贮藏保鲜环节的监测数据显示，咪鲜胺残留量均在国家规定的残留限量范围内，符合国家标准要求。

❖ 浸泡香蕉的白色液体也是保鲜剂。香蕉产于热带、亚热带地区，每年大量香蕉"北上"来到我们的餐桌上。香蕉采摘后呼吸旺盛，到了一定成熟度时会出现"呼吸爆发"，迅速衰老变软，抵抗力下降，很容易被碰伤或被真菌侵染，变黑腐烂，稍有不慎"北上"的香蕉就整车"全军覆没"了，所以香蕉采后进行保鲜是一个关键环节。目前主要使用的香蕉保鲜剂为咪鲜胺、甲基硫菌灵、异菌脲，这些都是国际公认的低毒杀菌剂，降解速度较快，且都是经过相关部门登记允许在香蕉保鲜中使用的，也都制定了相应的推荐使用量和残留限量标准。近年来对香蕉贮藏保鲜环节的监测数据显示，部分香蕉产品不同程度地检出咪鲜胺、异菌脲、甲基硫菌灵等保鲜剂残留，但残留量均在国家规定的残留限量范围内，符合国家标准要求。

22. 空心番茄是不是打了激素？

舆情表征

2017 年 6 月，一则关于空心番茄的消息在网上广为传播。帖子称，"空心的、带尖尖的、外表红里面绿的番茄都是打了激素的，吃了都有毒"。消息让很多人惶惶不安。舆情监测显示，这一传言源自某电视台的一档节目。节目中，受访的营养师称，空心的番茄是用了植物激素的，带尖尖的、外表红里面绿的番茄也是用了激素的，吃了都有毒。对此，包括央视网在内的多家媒体都进行了辟谣宣传。

问题实质

"空心的、带尖尖的、外表红里面绿的番茄是打了激素的"一类说法系谣言，主要是因为普通消费者不了解番茄的生长发育过程、品种特性、栽培管理、采后生理及植物生长调节剂的一般特性而产生主观臆测。

科学真相

❖ 番茄出现空心的原因有很多，跟植物激素没有太大关系。植物激素，即植物生长调节剂（如番茄灵）的确能促进番茄的坐果和果实膨大，使用浓度过高，可能导致其空心。但是，这并不是唯一原因。光照不足、养分供应少、受精不当、外界温度过高、肥水施用不当等都可能会导致番茄空心。空心是瓜果种植常碰到的一种生理性病害，空心番茄属于畸形果实，它只是形态有点问题而已，可能口感稍差，但无害，是可以吃的。

❖ 植物激素对番茄是否长尖并没有太大影响。在番茄种植过程中，有尖的番茄属于一种畸形果，还包括桃形、瘤形、疤果等。畸形果是番茄种植环节常碰到的一种生理性病害，也是番茄种植过程中难以解决的一个难点，果农需要尽量控制。番茄花芽分化的质量决定果实能否发育成正常果。例如，幼苗期花序形成时遇低温、氮肥多、水分充足，花芽过度分化，则形成桃形、瘤形或指形果实；如苗龄拉长，低温或干旱持续时间长，则形成裂果、疤果或籽外漏果实；花芽细胞分裂过旺，心皮数目增多，开花后由于各心皮发育不均衡，果实则形成多心室的畸形果。可见，植物激素对番茄是否长尖并没有太大影响。另外，现在有些番茄长尖，其实是育种家选育出来的新品种。

❖ 番茄颜色主要受基因调控。番茄的色泽主要同果皮中类黄酮类物质、果肉中叶绿素和类胡萝卜素类物质有关。番茄红素是成熟番茄所含有的主要色素，其实也是类胡萝卜素的一种。果皮颜色分为黄色和透明两种，是由一对等位基因控制。果肉颜色主要分为红色、黄色、橙色3种，分别由不同的基因控制，这些基因的不同组合使成熟番茄果实表现出不同颜色。在番茄果实发育早期，果实内色素主要是叶绿素，在后期成熟过程中，叶绿素逐渐分解，类胡萝卜素不断合成。由于番茄果实颜色受到许多基因控制，这些基因的作用机制在于控制类胡萝卜素生化合成过程的不同环节，从而影响类胡萝卜素的组成，最终使番茄表现出不同的颜色。

23. 吃圣女果会致癌吗?

舆情表征

2014 年前后,网络开始流传一个说法,"圣女果是转基因产品,多吃致癌"。适逢当时转基因问题受到媒体和网民的高度关注,有关"圣女果致癌"的消息也在网络中大肆传播。对"圣女果致癌"谣言的辟谣得到了国内主流媒体的大力支持。2016 年 4 月,农业部新闻办公室举行新闻发布会,介绍农业转基因有关情况,明确圣女果不是转基因产品。

问题实质

"吃圣女果致癌"的说法属谣言,是因为部分网民不清楚圣女果的品种特性及番茄的培育驯化过程等基本知识,加之消费者对转基因农产品质量安全的疑虑与担忧,主观臆断、以讹传讹。圣女果是较原始的番茄品种,不是转基因产品,更不会致癌。通过科学评价批准上市的转基因产品是安全的。

科学真相

❖ 诸如圣女果这样的小番茄品种是原始品种类型。番茄是茄科植物,原产地是南美洲的安第斯山脉。大约在公元前 500 年,野生的樱桃番茄(分布于南美洲的 8 种野生番茄之一）被当时中南美洲的阿兹特克人驯化。这种番茄如其名描述一样，果实很小。16世纪初，欧洲人将番茄引进了欧洲大陆。当时人们认为番茄有毒，并将其命名为"狼桃"（wolf peach）。后来，意大利人开始在菜肴中使用番茄，番茄才被真正当作一种蔬菜来推广种植。直到这时，番茄都还是袖珍型的。之后，生产更大更多的番茄果实成了育种的主要目标。经过不断的杂交选育，番茄的个头越来越大。所以，圣女果是较原始的番茄品种，甚至可以说是没有完全被驯化的品种，这一点已经过DNA序列分析验证。在最近的一些育种开发中，将口感风味俱佳的小个头樱桃番茄的优良性状通过常规杂交重新组合在一起，就得到了口感极佳的圣女果。所以，市场上销售的圣女果又称樱桃番茄，是在野生种的基础上，经人工选择培育而成的，与转基因无关。

❖ 通过科学评价批准上市的转基因产品是安全的。为保障转基因产品安全，国际食品法典委员会、联合国粮食及农业组织（以下简称"联合国粮农组织"）、世界卫生组织等制定了一系列转基因生物安全评价标准，成为全球公认的评价准则。依照这些评价准则，各国制定了相应的评价规范和标准。从科学研究上讲，众多国际专业机构对转基因产品的安全性已有权威结论，通过批准上市的转基因产品是安全的。从生产和消费实践看，近20年来商业化转基因作物累计种植300多亿亩，至今未发现被证实的转基因食品安全事件。因此，经过科学家安全评价、政府严格审批的转基因产品是安全的。目前，我国先后共批准发放了7种转基因作物安全证书，转基因产品可以分为两类：

一类是我国自己种植和生产的转基因抗虫棉和转基因抗病毒番木瓜；另一类是从国外进口的转基因大豆、转基因玉米、转基因油菜、转基因甜菜和转基因棉花，主要用作加工原料。

24. 空心菜是"毒王"么？

舆情表征

2017 年 5 月，一篇题为《"毒中之王"蔬菜竟是它！目前正大量上市，去毒方法要记牢！》的推文，被一些微信公众号转载。文章将空心菜、黄瓜、菜花、白菜、番茄列入"农残蔬菜黑榜"。在这条微信推文中，空心菜被列为农药残留蔬菜第一名，成了"毒王"。文章说，空心菜是吸收农药和重金属最厉害的蔬菜，重金属超标的空心菜可能给人体带来致命伤害；国外拿空心菜用于净化土壤，没人食用。还有网文分析说，空心菜不易长途运输，因此，一般只能种在城郊接合地区。这些地方一般都是污染重灾区，在这样的环境长出来的菜当然有问题。舆情监测显示，相关谣言最早出现于 2015 年前后，福建、广东、浙江等多地的媒体均对此进行过辟谣。

问题实质

"空心菜是毒王"的说法属于谣言。近年来，消费者对农产品重金属及农药残留问题过分敏感，进而引发对"空心菜重金属含量超标"等问题的广泛担忧。

科学真相

❖ 空心菜中重金属或农药残留超标风险低。任何一种蔬菜都不可避免地会被环境中的污染物污染，空心菜也不例外。一些研究发现空心菜对铅等重金属有较强的富集能力。重金属富集能力强不一定意味着它所含的重金属就一定超标。也就是说，重金属含量的高低、是否超标，还得看产地环境和生产过程，只要环境中重金属不超标，生产过程中使用的投入品重金属不超标，产品的安全就有保障，不必过分担心。总之，只要是规范生产出来的空心菜，重金属或农药残留超标风险就低，消费安全。

❖ 净化环境和食用的空心菜完全是两码事。很多植物都有吸附重金属的能力，科学家也做了很多的探索研究。不过，这些研究大多还在实验阶段，距离实际应用还有很长一段路要走。一些西方国家的人们也确实不怎么吃空心菜，这只是因为饮食习惯不同而已。而且，即使真的有用空心菜净化水源或者土壤的案例，那也不代表我们的空心菜就不能吃了。因为，用于食用的空心菜和用于净化环境的空心菜完全不一样，如果用于净化环境，说明这里的环境污染比较严重，此区域生产出来的空心菜根本就不被允许上市销售。

❖ 我国对所有上市的空心菜都有严格的质量把控。从土壤检测到选种育苗，以及生长过程中农药的使用情况等，国家都有严格的监测标准。蔬菜要想上市，还要经过国家相关部门的抽检，最后才能走上我们的餐桌。即使在空心菜中检出重金属、农药残留，其检出量也远远低于国家安全限量值，完全不用担心。

25. 吃鱼腥草会致癌吗？

舆情表征

2014 年 5 月，一位"网络意见领袖"在其博客上发表了一篇题为《"舌尖上的中国 2"里蕨菜、鱼腥草等可致癌》的文章。文章指出，鱼腥草中含有的马兜铃内酰胺能对肾造成不可逆的损伤，并能导致上尿路上皮癌。至此，"鱼腥草致癌"的说法在网络上热传，有关"鱼腥草能不能吃"的讨论一度成为网络热门话题。就在该博客文章发表后不久，《生命时报》援引植物学专家观点对鱼腥草毒性进行了科学解读；2016 中国食品辟谣论坛上，中国食品辟谣联盟发布了三大食品谣言，其中之一就是网上流传的"鱼腥草会导致肾病肾癌"说法，被专家评定为"逻辑推演不够严谨，结论有失慎重"；2017 年 4 月，国家食品药品监督管理总局（以下简称"国家食药监总局"）官方网站连续发布 4 批 20 个食品药品类谣言，"鱼腥草致癌"位列第十。

问题实质

马兜铃内酰胺 - I 具有一定肾毒性和抑制细胞生长作用，但未见鱼腥草中含有马兜铃内酰胺 - I 的报道。马兜铃酸被国际癌症研究中心列为一级致癌物，而马兜铃内酰胺是马兜铃酸的主要代谢产物，同时也在某些植物中存在，这两者并不能等同。

⚛ 科学真相

❖ 马兜铃酸会致癌，但鱼腥草不含这种化学成分。马兜铃科是植物界的一个科，马兜铃酸是一种化学成分，马兜铃内酰胺则是马兜铃酸的一种代谢物。大部分马兜铃科的草药含有马兜铃酸，目前已知有 60 多种中药材，如关木通、青木香等含有马兜铃酸。马兜铃酸的确有毒，这早有定论。2005 年出版的《中华人民共和国药典》已不再收录关木通、青木香等含有马兜铃酸的中药方，并使用其他品种替代。国际癌症研究中心于 2008 年将其列为一级致癌物，并将马兜铃酸类物质的天然混合物列为二级 A 类致癌物。需要注意的是，鱼腥草不是马兜铃科植物，不含马兜铃酸，但含马兜铃内酰胺，这两者不可等同。

❖ 马兜铃内酰胺是否致癌尚不明确。从细胞毒性来看，研究显示，马兜铃内酰胺 - I 具有一定肾毒性和抑制细胞生长作用，但鱼腥草含有马兜铃内酰胺 -B II、马兜铃内酰胺 -A II 和马兜铃内酰胺 -F II（总量为 0.016 克／千克），未见含有马兜铃内酰胺 - I 报道。从机理来看，DNA 加合物的形成或主导（参与）的致癌机理是推理马兜铃内酰胺导致肾病及致癌的关键线索。致突变致癌物一般会与 DNA 形成多种类型加合物，但这些加合物并非都与致癌密切相关。研究显示，马兜铃内酰胺可被 CYP450 和过氧化物酶激活形成 DNA 加合物，但其与马兜铃内酰胺 - I 在体内和体外形成的 DNA 加合物不一样。马兜铃内酰胺与 DNA 形成加合物的机理研究尚不完善，且不能完全由马兜铃内酰胺 - I 的 DNA 加合物形成机理类推。马兜铃内酰胺 - I 会对肾造成损伤，并不等同于致癌。很多癌症的发生不是由某一个单一因素导致的，而是许多因素叠加的结果。从这一点来说，患癌也不是完全由马兜铃内酰胺决定的。此外，鱼腥草中包括马兜铃内酰胺 -B Ⅱ 等在内的部分生物碱还具有一定药理活性，对凝血酶诱导的血小板聚集产生显著的抑制作用，有益黄酮类物质的存在。

❖ 鱼腥草中马兜铃内酰胺含量极少，无需担心。研究数据表明，在晒干后的鱼腥草中提取马兜铃内酰胺，含量为 0.016 克 / 千克。日常食用的鱼腥草均为新鲜植物，含水分较多，那么 1 千克新鲜鱼腥草所含的马兜铃内酰胺就更少了。考虑到一般消费者每次食用鱼腥草的量，吃进体内的马兜铃内酰胺可以忽略不计。因此，"鱼腥草致癌"的结论缺乏科学证据。

26. 海南"毒豇豆"是咋回事？

舆情表征

　　2010 年 2 月在武汉市场，海南产豇豆被曝检出水胺硫磷，全国各地加大了对海南豇豆的检测力度，之后又在广州、深圳、杭州等地发现海南产豇豆残留有高毒禁用农药。2013 年 1 月 30 日《广州日报》报道，广州江南果菜批发市场 29 日在 2.7 吨海南产豆角中抽检 15 个样品，发现 3 个样品的农药残留超标。30 日再次抽检发现 19 个样品中共有 8 个样品检测不合格，其中 7 个样品检出克百威、1 个样品检出禁用高毒农药氧乐果和克百威。不合格样品全部来自海南省三亚市崖城镇，涉及豆角共计 4.69 吨。海南豇豆问题引起社会的高度关注，有关媒体将被检出农药残留超标的豆角赫然称为"毒豆角""毒豇豆"。全国各地纷纷围剿"毒豇豆"，海南产豇豆乃至海南产热带瓜菜遭遇了一场有史以来最大的信任危机。

　　海南产豆角禁用农药残留超标问题受到农业部高度关注，广东、海南农业厅及三亚等地涉事农业部门紧急出动，采取了一系列果断措施，并对有关产地各村支书、村主任、安监员，以及部分村民代表传授豇豆高效栽培管理及病虫害绿色防治技术，对舆情的扩大起到了一定的控制作用。

问题实质

　　农民缺乏科学用药知识，许多农民不知道农药使用安全间隔期，不知道使用高效低毒的农药替代国家禁止的剧毒农药。

✳ 科学真相

❖ 海南三亚地区个别菜农违规使用禁用高毒农药，少数农药生产企业违规操作，在常规的农药里掺杂了高剧毒成分，不遵守农药使用安全间隔期等致使市售豇豆残留有禁用农药。

❖ 科学、安全使用农药。①购买农药时要看清标签。购买登记证、生产批准证、产品标准号码齐全的农药。②适期用药，避免残留。必须关注并了解农药安全间隔期（即最后一次施药至作物收获时的间隔天数），按照间隔期要求用药，保证农产品采收上市时农药残留不超标。③严格遵守禁用规定。根据农业部的相关公告，禁止使用甲胺磷、六六六、二溴氯丙烷、二溴乙烷、毒鼠强等多种剧毒、高毒、高残留农药。④果蔬禁用高毒农药。蔬菜、果树、茶树、花生等植物，严禁使用国家明令限用的高毒、高残留农药，以防食用者中毒和农药残留超标。⑤防治病虫时要科学用药。对农作物病虫草鼠害，采用综合防治技术，使用农药防治，要对症用药，在适宜的施药时期，用正确的施用方法，不得随意加大施药剂量和改变施药方法。水胺硫磷是一种高毒农药，禁止用于果、茶、烟、菜、中草药等植物或蔬菜、水果上。克百威属高毒杀虫剂，在实验剂量内对动物无致畸、致突变、致癌作用，适用于对水稻、棉花、烟草、大豆等作物上多种害虫的防治，也可专门用作种子处理剂，蔬菜、果树、茶叶等直接食用植物禁止使用。氧乐果属高毒杀虫剂，对抗性蚜虫有很强的毒效，对飞虱、叶蝉、介壳虫及其他刺式口器害虫具有较好防效，安全间隔期为蔬菜 10 天，茶树 6 天，果树 15 天。此外，克百威、氧乐果还有可能分别由丁硫克百威、乐果通过代谢产生，用药时应该慎重。要使用正规渠道生产的合格的农药。"毒豇豆"事件后，海南进行了全省范围内的大排查，发现部分常规农药中掺杂了禁用的高毒成分，这也是造成农药残留超标的原因之一。

◆ 检出农药残留并不等于对健康有害。蔬菜生产使用农药很正常，全世界无一例外。只要严格遵守用药范围和严格执行安全间隔期，农药残留是可以降解到安全标准范围内的，此时产品就是安全的。农药残留限量标准，通常是在实验室数据基础上，再放大百倍量确定的安全标准。现在的检测手段越来越先进，灵敏度也越来越高，极其微量的残留也能被检出。实际上检出农药残留并不等于对健康有害，只要残留量没有超过国家规定的安全限量标准，就不会造成危害。

27. 山东"毒生姜"是什么原因造成的？

🖥️ 舆情表征

  2013 年 5 月 4 日中央电视台的《焦点访谈》报道，山东省潍坊市峡山区王家庄的姜农在种植生姜时普遍施用一种叫"神农丹"的"严禁用于蔬菜、瓜果"的"剧毒"农药。记者发现这里不仅违规使用神农丹，更为严重的是滥用神农丹。就拿跟生姜比较接近的甘薯来说，按标签标示每公顷使用的剂量是 30~45 千克，而当地农民在种甘薯时每公顷要用到 120~300 千克，是规定用药量的 2~10 倍。按照使用规定，即使在批准施用该农药的作物上在其生长周期里也最多准许使用一次，但这里的姜农要用两次。在神农丹的使用说明中，在甘薯地里使用时，安全间隔期是 150 天。而这里的农民不仅在 4 月播种时超量使用神农丹，到 8 月立秋的时候还要超量使用一次，这时距离 10 月收获新姜只有 60 天左右的间隔期，远远少于参照甘薯的 150 天安全间隔期。"毒生姜"事件经中央电视台曝光，旋即受到国内媒体的高度关注，众媒体群起围剿"毒姜军"。包括《广州日报》、《法制日报》、新华网、人民网等在内的 2000 余家网络及平面媒体转发了相关报道。网民对潍坊市姜农用剧毒农药种植生姜的报道给予了极大的关注。2014 年 3 月 31 日，山东省潍坊市坊子区人民法院对"毒生姜"案作出一审判决，以周某某等 4 人犯非法经营罪、生产销售有毒有害食品罪，分别判处 6 个月至 1 年不等有期徒刑，并处 5000~20000 元罚金。

问题实质

"山东省潍坊市毒生姜"问题系因个别地区姜农在种植生姜过程中违规滥用剧毒农药"神农丹"、不知晓农药使用安全间隔期所致。"神农丹"的主要成分为涕灭威,属剧毒限用农药,不能直接用于蔬菜、瓜果,只能按有关限定的适用范围用在棉花、烟草、月季、花生、甘薯上。

科学真相

❖ "神农丹"不能直接用于蔬菜、瓜果。神农丹的主要成分是一种叫涕灭威的剧毒农药,50毫克就可致一个50千克重的人死亡,而且涕灭威属内吸性农药,容易被植物全身吸收,因此不能直接用于蔬菜、瓜果。

❖ "神农丹"可合规用于对棉花、烟草、月季、花生、甘薯上病虫害进行防治。按照农业部的农药登记,"神农丹"只能用在棉花、烟草、月季、花生、甘薯上。但是,在用药量、用药次数、用药方法上有严格的限制。

❖ 此次事件中,农民违法将剧毒农药涕灭威用于生姜生产,理应受到法律制裁。然而,尽管这个过程是严重违法的,但其对消费者并不会造成严重的后果。按本次事件中检出的涕灭威残留的最高值0.261毫克/千克计算,一个体重为63千克的人,每天吃这种所谓的"毒生姜"中最"毒"的生姜,每天的数量只要不到0.7千克,就不会对他造成危害。

28. 食用菌富集重金属吗？

舆情表征

2014 年 4 月前后，网络上一篇叫作《蘑菇还是少吃一点吧》的帖子被很多网友转发。帖子中提到，一名来自瑞士苏黎世大学、研究真菌的博士说，"蘑菇虽好，但它对铅、汞等重金属的富集能力强，最多可达到 100 多倍。"由于人体没有排出重金属的机制，因此食用蘑菇后，这些重金属会在肾小管内聚集，严重时甚至会引起肾小管坏死。帖文最后调侃说，"瑞士人人均寿命 80 多岁，就是不吃蘑菇的功劳"。2014 年 8 月、2015 年 4 月，相关问题再次出现在网络，所传网帖内容近乎一致。媒体调查显示，"重金属蘑菇说"导致市场蘑菇严重滞销。

2014 年 4 月 9 日，中央电视台"焦点访谈"栏目进行了权威辟谣。2015 年，农业部农产品质量安全风险评估实验室（上海）周昌艳研究员通过新华网等渠道再次就"食用菌（蘑菇）富集重金属"谣言进行了科学解读。

问题实质

"食用菌富集重金属"系谣言，是因为发帖者与转帖者缺乏食用菌生产常识，不能区分野生菌菇与人工栽培食用菌，更不了解世界各国蘑菇生产与消费状况。在"镉大米"问题的影响下，消费者对农产品重金属污染问题过分敏感，进而引发对"重金属蘑菇"问题的广泛担忧。市售人工栽培食用菌不存在重金属污染。自然生长的野生菌菇可能存在重金属超标的情况，不宜盲目采食。

🔬 科学真相

❖ 特定食药用菌特异吸附某种重金属只是个案。金属元素广泛存在于自然界，动物、植物和微生物都依赖于自然界的水、土、气生长，在生长过程中或多或少地会吸收微量的金属元素，食用菌也不例外。因此，从科学的角度讲，食用菌可能存在微量的重金属残留，但并不代表其富集能力强。除个别食药用菌对某种特定重金属有较强吸收能力外，如研究发现食药用菌姬松茸对镉有较强的吸收能力，而其他常见食用菌无此现象。采摘的野生食用菌中的重金属来自于其生长地的土壤、有机质、水源与空气等；人工栽培食用菌中的重金属来源于栽培基质、覆土、空气、水。一般菌菇的生长周期比较短，通过食用菌的菇体表面吸收周围的重金属比较有限，食用菌对重金属的富集，最有可能的是发菌期通过菌丝从栽培基质中吸收。随着科技的发展，如今人工栽培食用菌所用的主要培养基原料已从单纯使用椴木、木屑等木材原料转向农副产品辅料，同时加入一定量的石灰、石膏、磷酸钙等调节基质酸碱度的物质。目前食用菌栽培所使用的基质和辅料中的重金属含量都很少，且有明确的控制指标及相应的监测措施。如果真是基质或辅料中重金属严重超标，那绝大多数生产菌种也就无法存活和正常生长。

❖ 市售人工栽培食用菌不存在重金属污染，消费安全有保障。关于食用菌富集重金属的传言的来源基本都是对国内外自然生长的野生菌菇，尤其是非食用的真菌富集重金属的研究结果。市面流通的食用菌以人工栽培为主，人工栽培食用菌都会筛选无污染的原辅料，采用生活饮用水及未被污染的土壤，避免重金属污染。而且，大多食用菌栽培无需土壤，重金属污染更易控制。食用菌栽培是很讲究的，尤其是食用菌工厂化栽培，所有栽培使用的原料在栽培之前都要进行严格挑选和检查，重金属是必检指标，重金属超标的原料是不可能用于食用菌栽培的。目前的人工栽培食用菌，已基本切断重金属污染来源，不存在重金属污染问题。我国农业生产已在大力推行规模化、标准化、优质化和品牌化。针对食用菌生产，对于各种生产原辅料和投入品、生产全程控制、产品等级规格及安全限量等方面，国家已制定了相应的产品质量标准、安全生产规范和安全限量标准。通过对生产过程进行严格管控，确保上市产品质量安全。近年来，我国各级政府监管部门开展了食用菌重金属含量的普查与监测评估，相关科研院所、检测机构也做了大量调查和检测，结果均未发现食用菌产品重金属易超标的现象。农业部食用菌产品质量监督检验测试中心（上海）和农业部农产品质量安全风险评估实验室（上海）牵头对近5年的食用菌质量安全（包括重金属镉污染）进行了普查式的专项监测和风险隐患摸底排查评估，结果显示，食用菌中重金属含量合格率在98%以上，食用菌产品质量安全水平总体较高，消费安全有保障。

29. 喝普洱茶致癌是不是真的？

舆情表征

　　据监测，有关"喝普洱茶致癌"的说法最早出现于2010年前后，广州市疾病预防控制中心的一项调查显示，抽取的70个普洱茶样品全部检出了黄曲霉毒素B_1。2012年3月，新浪微博认证用户"人体工程学李××"在微博中提及，喝普洱茶最容易得癌症，茶里有大量的致癌物"黄曲霉毒素"。微博称，"幽门杆菌会造成胃癌，茶让幽门杆菌无法粘在胃壁上，且茶里面的苯丙氨酸会让人心情好，喝普洱茶是得癌症最快的方法，因为放了太久，里面有大量的黄曲霉毒素是致癌物！"这条微博在几天内被转发了1万多次，其他网站和传统媒体也纷纷进行了转载，引来大量网友的关注和评论，有些一直喝普洱茶的人开始困惑，也有些人质疑这种说法的科学性。据李××说，他并没有进行过关于普洱茶是否致癌的临床研究，也不是从事医疗或食品安全的专家，在微博实名认证中的身份"人体工程学"也是他自创的一套学说体系。2017年7月，《科学世界》杂志发表了《喝茶能防癌还是致癌？》一文，再度令普洱茶是否致癌问题成为朋友圈热点。

　　"喝普洱茶致癌"的说法，遭到了茶叶领域多位权威专家的强烈反对。中国工程院院士、中国农业科学院茶叶研究所研究员陈宗懋在第一时间力挺普洱茶，他指出，曾对多地的普洱茶测定过，只有极个别样本发现过微量的黄曲霉毒素，其量根本不构成致癌威胁。中国工程院院士、国家食品安全风险评估中心研究员陈君石也通过微信等渠道发文表示，普洱茶不是适合产生黄曲霉毒素的"材料"，在正常条件下生产的普洱茶是不会产生黄曲霉毒素的。两位院士的解读得到了大部分媒体和网民的认同，《经济日报》、《新京报》、果壳网等媒体相继进行了转载报道和深度解读。"普洱茶致癌论"在网上发酵，让茶人很受伤。2012 年 3 月 26 日，昆明茶叶行业协会发出公告，驳斥普洱茶致癌论，并将保留法律追究的权利。2017 年 9 月，云南省普洱茶协会向《喝茶能防癌还是致癌？》一文作者提起诉讼，同时向其索赔名誉损失费 600 万元。

问题实质

"喝普洱茶致癌"属谣言，是因为部分媒体及网民不了解普洱茶发酵过程、制作工艺及贮存等基本常识，主观臆断、过度夸大。普洱茶发酵过程主要是有益菌群和湿热发挥作用，制作过程中有可能带入杂菌，但受有益菌群和茶多酚等物质的抑制，杂菌难以繁殖。即使已经霉变的普洱茶，虽有益菌群受到破坏，但也不会产生黄曲霉毒素，黄曲霉毒素容易在高油脂环境中产生，茶叶缺少产生这类毒素的温床，不可能出现大量的黄曲霉毒素。

科学真相

❖ 普洱茶并不是黄曲霉菌的适生基质。每种生物都有它的适生环境。黄曲霉菌喜欢在具一定脂肪和蛋白质含量的基质中生长和繁殖，并形成毒素。而普洱茶是一种脂肪和蛋白质含量很低的农产品。普洱茶鲜叶经晒干渥堆后要人工接种或自然接种金花菌，在这种情况下金花菌成为一种优势种，其他微生物很难在这种条件下生长繁殖。此外，茶叶中的茶多酚化合物对黄曲霉菌的生长和黄曲霉毒素的产生具有抑制作用，这已为许多中外科学家所证实。因此，普洱茶可以被认为不是黄曲霉菌的适生基质。

❖ 普洱茶的生产工艺不适合产生黄曲霉毒素。普洱茶一般分为两种，一种称为普洱茶生茶，就是在地理标志产品保护范围内，将采摘的云南大叶种鲜叶经过晾晒，形成普洱茶生茶，有些压制成茶饼等不同形状，然后储藏存放，自然发酵几年甚至更长时间后饮用；另一种称为熟茶，即将普洱茶生茶进行后发酵处理，形成普洱茶熟茶特有的品质。从普洱茶的制作工艺和过程看，普洱茶由生茶变成熟茶，要经过好几年时间，在这个过程中，需要微生物菌群、酶、湿热、氧化等综合作用，从而构成普洱茶的香味。参与发酵的菌群均是有益菌群，没有黄曲霉菌。现代普洱茶的生产，会采用一种叫"渥堆"的方式，在保证普洱茶基本品质的前提下，缩短生产周期。所谓渥堆，就是一个固态发酵的过程，其中涉及的微生物种类较多，如今已经研究得很清楚，发酵前期以黑曲霉和根霉为主，后期出现了灰绿曲霉、青霉和酵母——这些菌种均对健康无害。黑曲霉是发酵过程中的主要优势菌种，约占微生物总数的 80%。研究表明，当培养基中含有黑曲霉、溜曲霉时，产生黄曲霉毒素的黄曲霉菌的生长会受到抑制。此外，茶叶中含有的某些化合物如单宁、咖啡因等可以抑制黄曲霉毒素的产生。实验显示，当咖啡因含量为 0.5 毫克 / 毫升时可以抑制

86%的黄曲霉毒素产生，当达到2毫克/毫升时则完全抑制黄曲霉毒素产生。假如普洱茶中检出了黄曲霉毒素，则有可能是普洱茶在流通等环节由于环境条件不佳，导致产品沾染了黄曲霉菌，而此时温度和湿度又合适，沾染的黄曲霉菌乘机生长和繁殖，从而产生黄曲霉毒素。不过，这种流通中遇到的污染问题，是很多食品都会有的风险，需要加以防范和控制。

❖ 我国的普洱茶中黄曲霉毒素的检出率很低且浓度不高。资料表明，印度、伊朗、奥地利、德国等国科学家共计分析了209个产自我国的普洱茶样品，结果阳性样品有23个，占样品的11.0%，其中黄曲霉毒素 B_1 含量高于5微克/千克的茶样有9个，占茶样的4.3%。中国农业科学院油料作物研究所、云南农业大学等6所国内科研院所曾测定的452个普洱茶样品中，检出有黄曲霉毒素的样品为42个，占样品总数的9.3%，有17个茶样中的黄曲霉毒素含量高于5微克/千克，占样品总数的3.8%。在这里必须指出的是，在发表的资料中，为了验证黄曲霉菌能否在普洱茶中生长，在部分茶叶样品上进行了黄曲霉菌的人工接种。上述结果表明，我国普洱茶中黄曲霉毒素的检出率很低且浓度不高。

❖ 普洱茶中黄曲霉毒素引发的致癌风险极低。判断普洱茶中黄曲霉毒素对饮用者是否造成安全问题的关键应该是饮茶时有多少黄曲霉毒素进入人体，即摄入量是多少。饮茶时人们只喝茶汤，并不将茶叶摄入体内。因此，人体通过饮茶摄入的黄曲霉毒素的量，需考虑茶叶中黄曲霉毒素 B_1 的残留量、黄曲霉毒素在水中的溶解度和消费者的饮茶量。黄曲霉毒素 B1 基本不溶于水。文献报道它在水中的溶解度为 100 毫克 / 升。根据相似溶解度化合物估计，普洱茶中黄曲霉毒素的浸出率不会超过 15%。根据在极端保守假设下（我国所有人群都是普洱茶的高消费人群，且饮用的茶都被黄曲霉毒素高度污染）进行的风险评估结果，每 1000 万人中仅 3.2 人会因饮用普洱茶而诱发恶性肿瘤原发性肝细胞癌（448 人 /14 亿人口），因此，可以说因普洱茶中黄曲霉毒素致癌的风险极低。我国人民饮用普洱茶已有上千年的历史，普洱茶消费较多的云南省未见有大比例肝癌发病率增加的报道，这是最可靠的流行病学调查结果。因此，普洱茶可以放心饮用。

30. 春茶中含过量农药吗?

舆情表征

每年清明前后是春茶上市的时节，关于茶的"应景"文章同时刷爆各类社交平台。不少爆料宣称，"春茶中含过量农药，一喝就中毒。而夏秋季的茶叶更是可怕，连茶农自己都不喝。"2017 年 2 月，不少微信公众号转发了题为《中国 98% 的茶都有农药残留，各大茶叶品牌纷纷躺枪》的文章。文中称，目前中国市面上的茶叶大都喷洒农药，因此"喝茶等于喝毒"。舆情监测显示，相关谣言最早出现于 2012 年前后，当时中国工程院院士、茶叶专家陈宗懋就曾出面辟谣。

问题实质

"春茶中含过量农药"，以及"中国 98% 的茶都有农药残留"的说法都属于谣言。部分媒体别有用心地利用个别孤立的检测数据进行片面分析，从而得出以偏概全的结论。部分消费者和网民由于对茶树的生长过程缺乏了解，更不了解农药的用途和用法，偏听偏信助长了谣言的传播。春茶树由于其生长特性，根本不需要使用农药。夏秋季根据茶树病虫害发生情况会合理使用农药，只要是按规定生产的茶叶，即使存在农药残留，也不一定会超标，更不等同于有毒有害。

✹ 科学真相

❖ 春茶树受病虫害危害小，基本不用药。春茶一般指茶树越冬后第一轮萌发的芽叶经采摘加工而成的茶叶。我国大部分茶区尤其是名优绿茶区，春茶生产期间因气温较低，病虫害基本不发生，因此基本不用农药。茶树的主要虫害如茶小绿叶蝉、茶尺蠖等在6月中下旬到9月高发；而茶树常见病如茶轮斑病、茶云纹叶枯病、茶炭疽病等则会出现在夏秋潮湿多雨的季节，因这些病对茶叶的产量影响不大，茶农一般也很少用农药。现在市场上价格比较高的春茶，除了口感好、营养物质丰富外，还较少受病虫害影响，基本上没有农药污染，特别是早期的春茶，更是一年中绿茶的佳品。

❖ 有农药残留不等于有毒有害。中国有机茶种植面积占茶园面积的2%，这部分完全不用任何化学物质。茶树生长过程中，使用农药是防治病虫害最经济有效的措施，这些农药的使用，导致茶叶有农药残留；此外，茶园周边其他农作物使用农药，会间接导致茶叶有农药残留。这些农药残留只要不超过标准限量，对人体就是没有危害的。通常，在6月中下旬到9月下旬，田间一些病虫害较为集中发生，有必要使用农药进行防治。只要使用的农药种类和用药量遵守相关技术规程，按照安全间隔期采摘的鲜叶，经加工制成的茶叶产品都是安全的。农业部每年对茶叶生产企业、批发市场、零售渠道等多环节进行抽查，全年二季度（春茶）和四季度（夏秋茶）抽查800多个样品，2014~2016年的合格率分别是94.8%、97.6%、99.4%，政府

对茶叶质量安全的监管力度加大，合格率不断提升。早在
20 世纪六七十年代，我国茶叶生产就全面停用高毒高残留
农药，使用的是低毒低残留农药；现在用水溶性低的农药
来替代水溶性高的农药，进一步提高了茶叶的安全性。

❖　我国茶叶出口 100 多个国家，质量安全达标。资
料显示，我国茶叶年产量为 240 多万吨，出口量为 30 多万
吨，出口到 100 多个国家，分别满足了各个国家不同的进
口要求，说明我国的茶叶质量安全是可控的，也是可靠的。
我国《食品安全国家标准　食品中最大农药残留限量》（GB
2763—2016）对茶叶的农药残留有严格的规定。相关农药
残留限量标准是经过科学的风险评估得出的结论，是保留
了安全系数的。所以只要农药残留符合国家食品限量标准
的茶叶，就不会对消费者产生任何危害。在茶叶病虫害防
治方面，我国优先选用生物、物理的绿色防治方法，减少
农药使用，在需要用药时，尽量选择使用低毒低残留农药，
这些农药都是在相关部门有登记的，而且是在安全期采制，
保证了茶叶产品的安全。

31. 早稻是化肥、农药催熟的吗？

舆情表征

2012 年前后，一则微博称，"江西一年收获两季水稻，但很多当地人只吃第二季大米，第一季似乎没人吃。这是为什么？（是）由于怕耽误第二季，农民会使用各种方法包括（施用）化肥、农药对第一季揠秒（苗）助长。"这条微博引发较大关注，不少网友将信将疑：早稻真的是化肥、农药催熟的吗？2012 年 8 月 29 日，《人民日报》"求证"栏目对这一谣言进行了详细的辟谣分析。

问题实质

"化肥、农药催熟早稻"问题系谣言，主要是因为网民不熟悉水稻等农产品生产及早晚稻营养特性等基本常识，不清楚化肥、农药的作用机理。过度使用化肥只会导致水稻"贪青晚熟"，农药不会影响水稻生长期，早稻、晚稻的营养特性有差异。

科学真相

❖ 化肥、农药不会催熟早稻，影响早稻早熟的是气候和品种。使用化肥主要是为了高产，并不能缩短早稻的生长期。相反，在早稻生长晚期如果过量使用化肥，反而会导致水稻"贪青晚熟"，延长其生长期。而使用农药主要是为了稳产，不会影响生长期。目前，还没有发现能够缩短水稻生长期的农药。决定水稻生长期长短的主要是有效积温和光照。早稻属于感温型品种，气候对其生长期影响较大。当有效积温达到一定数值后，早稻幼穗便开始分化，所以在早稻生长期内，如果气温较高，早稻就容易早熟。

❖ 早稻直链淀粉含量高，加工成米粉后，当地人很爱吃。江西米粉的原料80%是早稻米，掺了20%左右的晚稻。根本不存在第一季大米没人吃的情况。早稻米是高温逼熟，口感相对差，米质疏松易于加工。目前，早稻主要作为国家储备粮和加工原料。国家储备粮对稻谷含水量有要求，不能过高，而早稻成熟期一般是高温天气，收获后易晒干，耐储存；晚稻成熟后不太容易晒干，含水量达标相对困难。另外，早稻相对较低的销售价格，是其作为加工原料的重要原因。关于口感问题，大多数人都认为中晚稻米口感上优于早稻米，不过早稻米出饭率高，不容易产生饱腹感，适于体力劳动人群食用，也有自己的市场。稻米中的淀粉分为直链淀粉和支链淀粉两种。直链淀粉含量高，易消化，但米饭口感较硬；支链淀粉含量高，米饭口感柔软，但不易消化。影响口感的主要是稻米的直链淀粉含量、糊化温度、胶稠度（米饭在蒸煮过程中伸长的比例）。普通早稻的直链淀粉含量一般比晚稻高，胶稠度和糊化温度比晚稻低，这使早稻米煮熟后的口感较硬。南方籼米中，普通早稻的直链淀粉含量大约为25%，晚稻一般为15%~22%，北方粳米的直链淀粉含量为14%~19%。这就是为什么晚稻口感要好于早稻，北方粳米的柔软度一般要好于南方籼米。糯米中直链淀粉的含量小于2%，所以糯米饭口感非常柔软，但不易于消化。

32. 湖南"镉大米"问题严重吗？

舆情表征

　　《南方日报》在 2013 年 2 月 27 日报道，湖南省多家国家粮库相关人士投诉称，2009 年深圳市粮食集团有限公司（以下简称"深粮集团"）在湖南购买了上万吨食用大米，经深圳质监部门的质量标准检验，该批大米质量不合格，重金属含量超标，质监部门的意见是不能作为储备粮，只能用于工业用途。但随着大米市场价格的上升，深粮集团又将这批问题大米向外销售，流入口粮市场，辗转至珠江三角洲的无数张餐桌上。记者在广州市场随机抽检多批次湖南大米，结果均显示镉超标，属于不合格产品。《南方日报》曝出的"镉大米"问题引发了全社会的强烈关注，绝大多数网友表达了对食品安全问题的担忧，以及对我国食品安全监管工作进行了批评。广东是湖南大米重要的输出地，"镉大米"问题曝出后广东市场开始拒收产自湖南的大米，导致湖南大批大米加工企业停产，最严重的地方甚至有 70% 以上的大米加工企业停工，引发了社会与媒体对水稻等粮食作物安全及农业用地环境污染问题的高度关注，特别是粮食主产区的土壤污染问题，加速了我国对土壤重金属污染问题的研究。中央电视台财经频道对湖南大米镉超标问题的普遍性进行了深入调查。

　　事件曝光后，2013 年 2 月 27 日广州市质量技术监督局和南沙区质量技术监督局立即赶赴涉事企业，采取了 5 项处理措施：一是立即对涉事大米及其成品进行封存，防止涉嫌问题产品流入市场；二是对涉嫌产品进行产品抽样并送检；三是检查企业对原材料的把关是否依法尽到责任；四是通报全市，对以大米为原料的生产加工企业进行专项检查；五是与深圳市市场监督管理局联系，了解该批大米在广州的流向情况。

问题实质

镉污染大部分来自矿区，一些采矿企业"几乎没有环保设施"，重金属通过工厂排污管道径自进入农田土壤，即使冶炼厂距离农田远，其排放的废气扩散后还是可能随降雨落到农田中。此外，一些肥料中也含有重金属镉。被重金属严重污染的农田继续种植水稻，导致大米中重金属超标，部分问题大米进入市场交易。

科学真相

❖ 市场出现重金属镉超标的大米主要是因为在被重金属镉严重污染的农田种植水稻。镉污染大部分来自矿区，一些肥料中也含有重金属镉。

❖ 正确认识环境污染对农产品质量安全的影响。土壤镉污染主要来自采矿、冶炼行业。工厂排放的废气中含有镉，可能会通过大气沉降影响较远的地方。目前我国土壤污染呈日趋加剧的态势，且土壤污染形势复杂，呈现新老污染物并存、有机无机污染混合的局面，防治形势十分严峻。建议从国家层面，健全和完善重金属污染相关法规，加快污染治理。

❖ 积极寻求解决方法。重金属污染根本的解决途径还是对工业污染的治理，迫切的需要则是广泛严格地检测食物及饮水中的镉含量，进行科学的评估，并且及时处理与公布结果。对于消费者来说，食用镉米并不意味着快速中毒乃至死亡，而且我国当前的大米镉含量超标问题总体并不很严重，目前尚未出现流行性病学问题，不必过度恐慌。为降低食品中某些元素对人体的危害程度，主动而广泛摄入各种食品尤为重要，人们应当更加"杂"地取食，如多吃些海产品、豆类产品、瓜子等含锌量较高的食品。

33. 你吃到过"塑料大米"吗？

2017年5月，微信中疯传一段2分钟的视频。视频中，一男子将塑料袋放入一台机器，经过熔解、拉丝、切割等工序，最终生产出一粒粒形状似米粒的白色固体。视频配有文字称，这就是假大米的制作过程。受该视频影响，相继有河北、云南、湖南、海南和内蒙古等多地消费者在网络中爆料称吃到了"塑料大米"，引发舆情的连锁反应，进一步加剧了网民对"塑料大米"话题的关注。

舆情监测显示，有关"塑料大米"的传言由来已久，早在2011年，国内社交媒体上就出现了类似中国造"塑料大米"的谣言，随后不少网民和专家指出这种所谓的"塑料大米"并非被当作食物；2015年，网上出现"塑料大米"的另一个版本"棉花大米"，该谣言称有人用烂棉花做大米。有关"塑料大米"的谣言不仅在国内泛滥，近年来有关"中国塑料大米流入海外"的传言几乎每年都有流传。2015年12月，在巴西的社交网络中流传着一篇文章，提醒大家注意风险的到来，因为中国的"塑料大米"将会出现在巴西人的餐桌上；2016年10月，美国一些媒体和社交网络上流传的一段视频表示，为缩减成本，中国用塑料生产大米，而非种植，并将这些塑料米出口到西方国家；2016年12月，尼日利亚海关查获102袋50千克装的"塑料大米"，有境外媒体称这些大米是"来自中国的塑料大米"，用以冒充大米出售给当地民众食用；2017年4月，有印度尼西亚媒体报道，市场中出现疑似从中国进口的"塑料大米"。

多地食品安全监管部门反复就"塑料大米"问题进行过辟谣，并开展专项抽检，均未发现所谓的"塑料大米"。针对境外媒体关于"中国塑料大米流入海外"的说法，商务部、农业部等部门第一时间发声，对有关谣言进行了澄清，包括中央电视台在内的国内多家知名媒体都对这一谣言进行过纠正，美国辟谣网站"谣言粉碎机"节目也就此事进行过辟谣。遗憾的是，该谣言依然广泛存在于网络环境中，尤其是社交媒体空间。2017年5月，国家食药监总局在其官方微信账号"中国食事药闻"以专题形式再次进行了辟谣。针对部分网民恶意发布或传播有关"塑料大米"谣言的行为，包括海南、内蒙古等在内的多地公安部门联合食品药品、工商等部门主动出击，利用行政处罚等手段打击造谣者。

问题实质

"塑料大米"纯属谣言。在所有传谣的国家，证实没有发生过一例消费者分不清真实大米和"塑料大米"的情况。事实上，"塑料大米"不仅很容易被识别，而且生产塑料粒的成本高于正常大米，因而塑料粒替代大米缺乏现实依据。

科学真相

❖ 网传视频展现的是正常的塑料造粒过程，根本不是在制造"塑料大米"。视频中所用的设备在塑料行业很常见，是一台塑料造粒机。工厂把回收来的塑料放入塑料造粒机，生产出再生塑料颗粒。这些颗粒是再次制作塑料制品的半成品原料，之所以要做成颗粒状，是为了便于储存、运输。

❖ 塑料颗粒生产成本高于正常大米。再生塑料颗粒的均价为 10 元 / 千克左右，而普通大米不超过 5 元 / 千克。塑料颗粒生产成本比大米高多了，不存在以塑料颗粒代替大米出售的可能性。

❖ 普通大米与"塑料大米"存在显著外观差异。实验发现，普通大米都微微白里泛着黄，光泽度差；而"塑料大米"则是较为透明的纯白色，两相对比，"塑料大米"颜色特别白。大米的白色接近自然，是自然生长出来的本色，所谓的"塑料大米"也能通过添加染色剂变成普通大米的颜色，但与大米颜色色号相匹配的染色剂比较难找，所需成本巨大，不具备现实可行性。此外，正常的大米大小均匀，形状相似，在生产过程中有自然形成的断粒。"塑料大米"比一般大米短，且边缘棱角更加分明，有些则是规则的圆柱体。普通大米都有米的自然清香，"塑料大米"一般没有任何气味。

二、养殖业篇

34. 猪肉中有钩虫吗？

舆情表征

一段时间以来，网络环境中频繁出现一些有关"猪肉钩虫"的爆料。这些爆料的措辞类似，皆称在猪肉中发现白色带状物，是"水煮不烂、油炸不熟、高温杀不死"的"钩虫"，还上传"猪肉钩虫"的相关图片，引起不少民众的议论和担忧。2013 年以来，有关"猪肉钩虫"的爆料先后波及贵州、上海、河北、四川、广西、广东、辽宁等多地。例如，2015 年，一则名为《大家买肉注意，上海市场已经出现了，尽量减少吃猪肉！》的爆料席卷了微博、微信等平台。然而，细心的网友在该则爆料传出不久后发现，以《大家买肉注意，××市场已经出现了，尽量减少吃猪肉！》为标题传谣的公众号就有 188 个，且这些公众号发布的内容完全一样，只是地域不同而已，分别将"上海市场"改成"江苏市场""哈尔滨市场""海伦市场"等。爆料的内容虽然相似，但每次都会引发不少网民的担忧，波及地区的市民纷纷谈肉色变，不敢购买猪肉，对养殖业造成严重的影响。

舆情监测数据显示，"猪肉出现钩虫"的谣言最早出现于 2013 年 9 月，于广西龙胜传出。谣言传出后，当地有关部门及时辟谣，并针对"猪肉出现钩虫"的网络信息，于 2013 年和 2014 年在广西桂林、北海等地开展猪肉专项检查整治行动，均未发现寄生虫。而后，有关"猪肉钩虫"问题每次出现，相关部门都会进行专题辟谣，并组织有关专家进行科普解读。例如，广西永福水产畜牧兽医局对猪肉进行了检测，防城港市食品安全办 2014 年下半年组织开展联合检查行动 2 次，澄清 6 次，检查相关生产经营单位 560 家次，均未发现"猪肉有虫"现象；辽宁辽阳政府网站专门发布通告辟谣；广西河池、河北保定则进行了科普。中央电视台、《人民日报》、新华网等权威主流媒体都多次就此问题进行过科普辟谣。2014 年，广西河池、柳州、防城港、南宁、桂林及贵州贵阳、黔东南等地再次出现"猪肉有虫"传言，对猪肉市场造成冲击。2014 年 11 月，中央电视台"焦点访谈"、《人民日报》"求证"栏目联合国内多家权威媒体对"猪肉钩虫"谣言进行了集中辟谣。2015 年，"猪肉钩虫"问题入选中国食品辟谣联盟首期食品谣言榜。2016 年 6 月，中国食品辟谣联盟再次就此谣言进行了科普辟谣。农业部、国家食药监总局等单位多次组织有关专家对"猪肉钩虫"问题开展了专题解读。

问题实质

"猪肉中有钩虫"是谣言，是因为网民及部分媒体从业人员对猪生长发育、猪肉组织结构及病虫害发生的常识不了解，也不排除一些别有用心的人恶意炒作。网上流传的"猪肉钩虫"相关图片大多都是猪肉中的血管、淋巴管、神经纤维、肌腱或筋膜等自身组织结构。

科学真相

❖ 钩虫只在肠道中寄生，猪肉里根本不会有钩虫。钩虫病是线虫病的一种，在猪常见寄生虫中，钩虫只寄生在猪的肠道内，无法到达肌肉组织，而且在肌肉组织中其无法存活，更不可能看到活的虫体。由此可知，在猪肉中并没有所谓的"钩虫"，关于"猪肉钩虫"的说法缺乏科学性。仅从网络图片看，猪肉上出现的线状物的长短及结构与钩虫真实虫体的长短和结构特征不符。图片中显示的甚至都不可能是寄生虫，因为寄生虫起码是有头部结构的，而图中的肉状物只有一个单一的生理组织结构，所以很有可能就是一节血管。网上流传的"猪肉钩虫"相关图片，大多都是猪肉中的血管、淋巴管、神经纤维、肌腱或筋膜等结构。现有的资料表明，可以感染猪的寄生虫有 20 多种，其中虫体可在猪的肌肉组织中寄生的只有 2 种，一种是猪囊尾蚴，另一种是旋毛虫。猪囊尾蚴病和旋毛虫病均属于人畜共患的寄生虫病，二者都是猪屠宰加工过程中卫生检验部门的必检项目，在生猪屠宰加工的流水线上专门设置有这两种寄生虫病的检验点。因此，经过正规肉类联合加工厂屠宰加工的猪肉中是不会有寄生虫的。

❖ 寄生虫一般均可被高温杀灭。一般情况下，寄生虫在 100℃ 的水中煮 5 分钟就会死亡；而当温度降至冷冻温度，即 -18℃ 时，连抵抗力最强的旋毛虫也会冻死。从生物学的角度来看，到目前为止，除了引起疯牛病的病原——朊病毒外，所有感染畜禽的寄生虫及微生物（包括细菌、真菌、支原体、病毒等）均可在高温处理后被灭活，不可能出现水煮不烂、油炸不熟、高温杀不死的情况。网上所说的"钩虫""水煮不烂、油炸不熟、高温杀不死"，是因为它们本身并不是虫子，也没有生命，而是肌腱等致密结缔组织，一般的烹饪方法很难煮烂。

❖ 我国生猪寄生虫病发生概率低。近年来，我国生猪基本实现规模化饲养，饲料来源清晰，程序化免疫和驱虫等方面管理规范，已基本切断寄生虫生存和传播的链条，寄生虫病发生概率低。此外，各地农业主管部门加强了对动物疫病全程防控和检疫，持续强化对畜禽养殖过程中寄生虫等生物性危害因子的检疫和监测，畜禽产品质量安全水平大幅提升。

35. "吃猪肉等于自杀"是不是真的？

舆情表征

2012 年前后，一篇名为《农妇警告：在中国吃猪肉等于自杀》的陈年旧帖又在网上流传。网文称，十几斤重的小猪使用含有大量激素，安眠药，高铜、砷等药物的添加剂催肥催长，养五六个月就出栏了。长期食用这些猪肉，会诱发各种不适症状甚至癌症。传言引发了不少网友担忧。

舆情监测发现，该网帖最早出现于 2010 年的天涯社区。2012 年 11 月 26 日，《人民日报》"求证"栏目对该传言进行了权威科普辟谣。

问题实质

"吃猪肉等于自杀"问题系谣言，主要是因为媒体从业人员及网民不了解现代畜禽养殖新品种、新技术及生产方式，也不排除个别养殖户、生产商在养殖过程中违规用药。生猪生长快、育肥周期短的主要原因是现在的生猪品种好、饲料营养安全、养殖环境改善。镇静催眠、抗惊厥类药物是国家明令禁止在饲料中添加的物质；尿素、砷制剂和铜属于允许在饲料中添加的物质，但有相应的限制性规定，不得随意使用。

科学真相

◆ 生猪五六个月出栏是正常的。从经济效益出发，生猪达到 100 千克左右就该出栏了,因为此时生猪的日增重最多,耗料最省。生猪生长快、育肥周期短的主要原因是"三好"(猪好、料好、圈好),即生猪品种好、饲料营养安全、养殖环境改善。我国商品猪生产主要用的是杜洛克、长白和大白猪三元杂交生产体系,猪从出生至长到 100 千克上市的养殖周期为 150~180 天。利用地方品种进行杂交生产时间相对较长,平均生产周期为 180~200 天。

❖ 将安眠药、尿素等物质大量用来喂猪不科学。网文中提到的各类添加化合物分为两类。其中,苯巴比妥属于镇静催眠、抗惊厥类药物,是国家明令禁止在饲料中添加的物质;尿素、砷制剂和铜属于允许在饲料中添加的物质,但都有相应的限制性规定,不得随意使用。通过添加安眠药让猪多睡少动、快速长肥是没有必要的,因为圈养的生猪本身活动量就很少,不需要使用镇静剂。尿素有毒,猪吃多了可能会造成死亡,更谈不上增肥了。尿素是高氮化肥,若少量用于牛、羊等反刍动物是有作用的,可以被反刍动物瘤胃微生物所分泌的脲酶分解,被合成蛋白质从而被吸收消化。而猪根本没有瘤胃,尿素中的氮就难以利用,用量过大甚至会造成生猪中毒死亡。对于添加铜的作用,饲料中只有适量地添加铜才能促进猪的生长。允许适量添加的具体标准为每 1000 千克饲料中铜制剂添加量不能超过200 克。衡量饲料好坏的标志不在于猪粪便的颜色,而在于喂食的转化率(即饲料的重量与猪进食后相应增加重量的比例,也就是料重比)及粪便的形状。传言说"在猪饲料中加入无机砷,猪会显得皮肤红润、毛发光亮",这种说法犯了常识性的错误。饲料中加入的是有机砷,而不是无机砷。有机砷对于提高饲料利用率、增强抗病能力有着明显作用。目前，除中国外，美国等很多国家也批准将其作为饲料添加剂。有机砷大部分会从粪便排出，在生猪的机体组织中残留极低。而无机砷是剧毒物质，俗称砒霜，对生猪等动物的危害性很大，不允许在饲料中添加。

❖ 猪饲料添加剂的合理使用对人体无害。过去养猪将农作物及其副产品作为单一饲料，如今已经被加入了一定比例添加剂的工业饲料所替代。饲料添加剂包括营养性添加剂、一般添加剂和药物添加剂三大类。传统的单一饲料只能解决生猪的"吃饱"问题，而营养性添加剂主要是饲料级的氨基酸、维生素，是为了解决生猪"吃好"的问题。在饲料中添加适量药物添加剂，可以有效防控生猪的常见性、多发性疾病，通过在饲养阶段执行停药期，能够将猪肉中的药物残留量控制在对人体无害的范围内；在饲料中加入的抗氧化、防腐等一般添加剂，大多与食品行业的添加物质通用，无论对于生猪生长还是对于猪肉品质，都没有危害。某种物质能否成为饲料添加剂，必须经国务院农业主管部门指定的机构进行检测和饲喂试验，由畜牧专家根据结果对其安全性进行评审，完全通过后才能被列入《饲料添加剂品种目录》。而且一般来说，饲料添加剂在饲料中的比例不会超过 4%，网帖中说"100 斤粮食拌几十斤添加剂"纯属无稽之谈。猪饲料的配方会根据猪的生长阶段不同而有所差异，但成分不外乎是玉米、豆粕、玉米粕、饲料级添加剂。人们经常传添加抗生素可防止猪生病，但抗生素在杀死猪体内细菌的同时也会杀死益生菌，会导致猪免疫力下降，病情加重；动物激素会导致猪体内有激素残留，在市场上一经检出肯定卖不出去。动物激素和安眠药都被严格禁止用来喂养生猪。从未批准过激素类药物可用于动物促生长，已批准的激素类药物主要用于治疗种畜繁殖和产科疾病，这与欧盟的规定是一致的。截至目前，农业部只批准了土霉素、黏杆菌素、杆菌肽等 20 多种抗生素可作为饲料药物添加剂使用，并严格规定了使用的动物品种、用法用量、停药期等，规定内容与国际标准基本接轨。

❖ 我国猪饲料质量安全总体上是令人放心的。为加强对饲料行业的管理，1999 年国务院制定发布了《饲料和饲料添加剂管理条例》，并于 2001 年和 2011 年先后两次进行修订。依据该条例，农业部制定实施了饲料添加剂和饲料原料目录管理、新饲料和饲料添加剂审定、进口饲料和饲料添加剂登记、饲料和饲料添加剂生产许可等一系列管理制度。2002 年以来，农业部每年都组织实施全国饲料质量安全监测计划，抽检对象涵盖饲料生产、销售和使用等各环节，抽检产品包括猪、禽、牛、羊、水产等各种动物的饲料，抽检指标既包括质量指标和卫生指标，也包括激素等禁用物质。2009~2011 年，猪饲料质量卫生指标抽检合格率分别为 90.1%、95.2% 和 97.4%。在"瘦肉精"等禁用物质方面，近 3 年只有 1 批次检出。从监测结果看，猪饲料质量安全总体上是令人放心的。在动物产品安全性监管方面，农业部自 1999 年启动动物及动物产品兽药残留监控计划，年均检测 1 万余批。检测猪、鸡等 10 多种动物的组织，检测药物包括抗生素、激素、禁用药物等 20 种（类），检测样品涵盖除西藏外的 30 个省（自治区、直辖市）。检测结果显示，动物产品兽药残留超标率逐年下降，并保持在较低水平。总体看，我国动物产品安全是有保障的。

36. 食用红肉会致癌么？

舆情表征

2015 年 10 月 23 日，英国《每日邮报》发布消息称，来自 10 个国家的科学家评估各种已有证据后同意将加工肉制品归入"致癌物"，使其与石棉、香烟、砒霜"为伍"。同年 10 月 26 日，世界卫生组织（WHO）下属的国际癌症研究机构（IARC）评估了红肉（牛、羊、猪等哺乳动物的肉）和加工肉制品（火腿、香肠、肉干等）的致癌性，正式发布结论认为食用红肉可能致癌，因此将之列为"致癌可能性较高"的食物，并列入二级 A 类致癌物，同时将加工肉制品列入一级致癌物。世界卫生组织将加工肉制品的致癌风险直接等同于砒霜等"毒物"的消息，引发了全球性的关注和热议。

"加工肉制品"致癌问题曝出后，包括《人民日报》在内的国内众多媒体及食品、农产品、医疗卫生等领域的机构、专家在第一时间通过多种渠道发声，并及时开展相关的风险评估工作。世界卫生组织及国际癌症研究机构也纷纷出面解读，告诉人们没有必要恐慌，报告只是想提醒人们某些食物具有致癌性，需要注意控制肉类摄入量。

问题实质

"食用红肉会致癌"的传言主要是由媒体对科学研究及风险评估结果翻译不准确、过度引申，以及公众对肉制品消费安全的恐慌引起的。癌症是一种并非由某种单一食物引发的复杂疾病。食用红肉致癌证据有限。肉制品是膳食平衡的组成部分，应平衡摄入红肉及加工肉制品。

✸ 科学真相

❖ "增加患癌概率"并不意味着食用加工肉制品与患癌之间存在必然的因果关系。一级致癌物并非是指它就是非常强的致癌物质。这种分类方法是根据致癌的明确性和可能性来分类，而不是以致癌的强度来定义的。加工肉制品中含有致癌物质，并不代表食用这种食物一定会患癌，要看是哪种吃法。如果摄入量不多，身体的代谢机能会把相关的有害物质代谢掉，所以并不会因为吃些许加工肉制品就会得癌症。究竟是红肉食材本身致癌还是烹饪过程中产生致癌物还存在争议，不同的流行病学调查可能得出不同的具体数据，不同的个体也存在不同的致癌概率，食用红肉与致癌并无因果关系。肉制品被列为致癌物，红肉被列为"非常可能的致癌物"，并无科学依据，属于危言耸听。

❖ 肉制品是否致癌还需进行更为全面、客观的风险评估。中国肉类协会相关人士回应称，红肉致癌的结论是不严谨、不科学的，且该结论不能代表全球科学界的观点，肉制品是否致癌还需进行更为全面、客观的风险评估才能得出结论。据了解，国际癌症研究机构所组织的 22 个专家来自 10 个国家，他们的最终意见并不一致，最后只是基于多数人统一的原则发布了该报告。另外，这些专家也不能代表全球科学界的观点。国际癌症研究机构的研究发现有待进一步验证。美国农场主牛肉协会 2015 年 10 月 26 日在其官方网站上发表声明称，科学并不支持国际癌症研究机构关于"红肉有致癌风险"的观点。该机构援引不同于世界卫生组织报告的专家的观点称，癌症的病因非常复杂，并不能归因于任何单一的因素，如肉类。美国农场主牛肉协会人类营养学执行理事麦克尼尔博士说，他不认为有证据支持红肉和任何类型的癌症之间存在因果关系。美国肉业协会主席巴里·卡彭特说，如果国际癌症研究机构公布的评估结果确如媒体报道，这一结果"完全不适用于人类健康，因为它只考虑了健康拼图其中一块，即理论上的危险"。卡彭特强调，科学证据表明，癌症是一种并非由某种单一食物引发的复杂疾病，而平衡的饮食和健康的生活方式对健康至关重要。英国食品和环境研究院专家在接受媒体采访时称，加工肉制品被列入"一级致癌风险物质"表明国际癌症研究机构相信有足够证据显示食用这些肉制品将增加发展成为癌症的风险，但并未指明发展成为这一风险的"严重程度"。韩国肉类加工协会 2015 年 10 月 27 日亦表示，世界卫生组织根本不考虑蛋白质对人体起到的积极作用，单纯地将其列为和石棉、烟草一样的级别，令人感到遗憾。

37. 感染了炭疽杆菌的畜禽不能吃了吗？

舆情表征

2013 年前后，网上流传的一份"紧急通知"称："暂时别吃猪肉、鸡肉、鸭肉或肉制品，因辽宁到杭州 5570 头家禽感染了炭疽杆菌。杭州刚开完紧急会议，请尽量多通知亲朋好友！"舆情监测发现，这样的消息最早出现在 2012 年 8 月。当时，江苏和辽宁确实相继出现皮肤炭疽病例，原卫生部发言人接受采访时曾表示，江苏和辽宁两地皮肤炭疽疫情属于独立事件。随后数月，关于炭疽的假消息开始传播。此时，辽宁成了传言中的"病源"，而杭州、苏州、海口等城市数次成为炭疽的"旅游目的地"。2012~2014 年，关于"炭疽杆菌"的传言多次出现，且有不同版本。传言中"感染"炭疽杆菌的，有时是家禽，有时是家畜；"感染"禽畜的数量，一会儿是 5570 头，一会儿是 570 头。这些传言都没有任何事实根据。

针对传言，杭州市农业局回应说，杭州未发现家禽或牲畜感染炭疽杆菌，也并未就此召开紧急会议。辽宁省畜牧兽医局表示，辽宁省并未发生大面积禽畜炭疽疫情。2012 年，只在沈阳市辽中县发生一起牛感染炭疽杆菌事件，疑似炭疽死亡牛 37 头，确诊 3 头，扑杀同群牛 145 头。2013 年 8 月，湖南省湘潭市公安局雨湖分局发布消息称，该局于 2013 年 8 月 26 日查处一起虚构事实扰乱公共秩序案，依法行政拘留 1 名在互联网上散布"家禽感染炭疽杆菌"谣言的网民。

问题实质

"畜禽感染炭疽杆菌"问题系谣言，主要是由网民对炭疽杆菌、人畜共患病的传染机理及防控技术不了解、网民求关注心态，以及对畜禽等农产品质量安全的担忧导致的。猪、鸡、鸭一般不会感染炭疽杆菌。

科学真相

❖ 猪、鸡、鸭一般不会感染炭疽杆菌。草食动物最易感炭疽杆菌，如绵羊、山羊、牛等；骆驼和水牛及野生草食动物次之；猪的易感性较低；犬、猫、狐狸等肉食动物很少感染发病；家禽一般也不会感染炭疽杆菌。秋冬并不是炭疽疫情的高发季。炭疽疫情通常发生于春夏，主要是草食动物在被污染的牧场上摄食含炭疽杆菌芽孢的饲料和饮水而发生。

❖ 皮肤炭疽传染家禽非常罕见，很容易治愈。皮肤炭疽传染病属于人畜共患病，传染源主要为患病的食草动物，如牛、马等，传染家禽的情况非常罕见。人通常是通过接触患病动物或动物制品被感染。大多数情况下，总是牛、马、羊等食草动物在吃草时摄入炭疽杆菌芽孢引起感染，人类接触了感染牲畜的肉类、毛皮，或患病牲畜排出的血液和其他排出物所污染的物品后才被感染。事实上，相比于新兴的禽流感，炭疽这种古老的疾病，并非难以治愈，除非病情已经进入晚期，出现全身出血症状。皮肤炭疽的一般病情只需使用抗生素，并做简单的创面处理即可。只要发现早、诊治早，治愈率很高，一般不留后遗症。

❖ 浙江省没有出现过一例炭疽病患者。浙江省从 1949 年起就没有出现过炭疽病患者。全国每年的炭疽病例报告人数为 300~600 例，主要是通过接触不明原因死亡的牛羊而导致感染，患者主要集中在畜牧业发达地区，病例数在逐年减少。

❖ 恐惧心理是引发谣言的关键。近年来，公众对饮食健康非常关注，当听说自己每天接触的食物有可能会感染病毒时，肯定会害怕和恐惧。而这种恐惧的心理，一方面是由于对炭疽病不了解，另一方面是由于当下食品安全事件多发，严重打击了原有的信任感。从社会学角度来说，网络虽然是虚拟社会，但虚拟社会与现实社会密不可分，直接关系现实社会的和谐稳定。网络谣言把谎言包装成"事实"，将猜测翻转成"存在"，在网上扰乱人心。如果任其横行，将严重扰乱社会秩序，影响社会稳定，危害社会诚信。

38. 食用"速生鸡"有碍人体健康吗？

舆情表征

2012年11月23日，中国经济网报道了"雏鸡到成品鸡只需要45天，高温封闭饲养，饲料由为肯德基、麦当劳及诸多大型超市提供原料的山西粟海集团有限公司特制统一配送"及"肉鸡用饲料和药喂养，饲料能毒死苍蝇"等，"速生鸡"安全问题迅即成为广大网民、消费者极度关注、热议的舆情事件。中央电视台于2012年12月18日在"朝闻天下"节目中曝光了山东一些养鸡场违规使用抗生素和激素来养殖肉鸡，并提供给肯德基、麦当劳等快餐企业的新闻。报道称，中央电视台记者经过对山东青岛、潍坊、临沂、枣庄等地长达1年的调查之后发现，为了减少鸡的正常死亡率及使肉鸡能够快速生长，一些养殖户违规使用了金刚烷胺等抗病毒药品。同时，地塞米松等激素类药品也成为催生肉鸡生长的"秘密武器"。2012年12月19日中午中央电视台的"新闻30分"报道称，此前中央电视台曝光的山东问题"速生鸡"进入百盛上海物流中心、被配送到了肯德基门店，记者发现，肯德基从山东六和集团有限公司进的8万吨鸡类产品实际上已经销售一空了，而药物监督部门抽取的样品并非山东六和集团有限公司的鸡类产品。至此，"速生鸡"话题被彻底点燃，在社会上引起不小的震荡。事件诱发了网民对家禽类产品使用激素、抗生素问题的过度担忧，进而引发舆情连锁反应。2012年以来，有关家禽养殖中疑似违规使用抗生素、激素等的报道和传言层出不穷。针对2012年中央电视台曝光的"速生鸡"问题，包括农业部在内的主管单位和部门在第一时间作出了应对。

问题实质

"速生鸡"问题更多是因为媒体从业人员及网民不了解畜禽养殖新品种、新技术及现代畜禽生产方式，也不排除个别养殖户、生产商违规用药。白羽鸡长得快主要由育种、饲料和环境条件决定。我国禁止人用药品用于养殖业生产、禁止在饲料和动物饮用水中添加激素类药品和其他禁用药品、禁止销售含有违禁药物或者兽药残留超过标准的食用动物产品。

科学真相

❖ 白羽鸡"速生"十分正常。鸡长得快由三大因素决定，即育种、饲料和环境条件。我国的白羽鸡全是从国外引进，是育种专家经上百年选育而成的成果。养殖业讲究料肉比，据测算，42~45天出栏，料肉比是最高的，大约在1.7：1或1.8：1。媒体报道的"大肉食鸡"就是白羽鸡，其特点就是生长快，可见"速生"十分正常，并非那么可怕。

❖ 饲料安全可靠。消费者对肉食鸡的质疑也反映在饲料上，是不是饲料中添加了不该添加的东西？规模化大型养殖场所用饲料均是全价配方饲料，也是品牌饲料，经过国家检测是合格的。目前大型企业所用饲料分1号料、2号料和 3 号料，是根据肉鸡生长规律设计配制的饲料。小鸡一出生先喂吸收利用率高的 1 号料，便于消化，与婴幼儿吃配方奶粉是一个道理；14 天是鸡全面长骨骼、肌肉的时期，这时喂 2 号料，蛋白质和能量比前期略微低一点，这个时期为了降低饲料成本，花生粕、豆饼都用；35 天以后，是脂肪累积阶段，喂 3 号料，以油脂为主，豆粕少一点。

❖ 养殖环境和饲养条件好也是鸡长得快的原因之一。现在肉食鸡的生长环境是传统养殖方式无法比拟的，从出壳到出栏，都有严格的环境要求。大型企业皆有温度湿度控制装置，可自动通风、自动给水、自动上料、自动清粪，有害气体浓度一超标立即通风。饲养条件好了，鸡也就长得快了。

❖ 用激素药物价格高昂。消费者对肉食鸡质疑的另一个问题是用药问题。只要是规范化、经农业部门认可的养鸡场，都是规范用药，许多养殖场已经开始用中成药，不再用抗生素。至于速成鸡不如笨鸡"好吃"，那是口味问题，与产品质量没多大关系。山东肉食鸡养殖量和出口量皆占全国第一，其模式基本与世界同步，出口美、日、欧等发达国家和地区，而这些地方对食品安全的要求近乎苛刻，如果不安全他们是不会要的。

❖ 消费者对现代畜牧生产方式不了解是导致误解的重要原因。由于缺乏科普知识，消费者一时不接受速成鸡也是可以理解的。传统印象中，鸡要半年猪要一年才能出栏，让人相信 40 天吃上鸡肉 4 个月吃上猪肉是要有个过程的。过去小麦亩产量一二百斤属高产，现在一亩地打千斤稀松平常，但人们对小麦高产已接受，对速生鸡还没接受。现代技术使畜禽生长周期缩短，其中育种技术贡献最大，其次是养殖技术得到极大提高、养殖环境得到极大改善。过去是风雨交加搞养殖，现在是风雨无阻搞养殖，人们对传统养殖方式的深刻记忆使得让其接受现代养殖模式有点困难。

39. 喝牛奶会致癌么？

舆情表征

　　2010 年前后，国外有科学家研究认为，大量饮用牛奶会增加人体中类胰岛素一号增长因子（IGF-Ⅰ）的水平。已有多家科研机构阐述，"几乎每一种癌症都与 IGF-Ⅰ 有关系，这是一种促进癌细胞生长和增殖的关键因子，并且酪蛋白占据牛奶蛋白组成的 87%，这种蛋白质促进各阶段癌症发展。"该研究结论成为国内诱发相关传言的源头。2013 年，一篇题为《牛奶将人类送进坟墓》的文章在微信、微博等渠道反复炒作，文章援引以上"研究成果"称，美国科学家发现牛奶中的激素 IGF-Ⅰ 是一种致癌因子，会导致女性易患乳腺癌，男性易患前列腺癌；同时牛奶中的蛋白质过多，尤其是酪蛋白，蛋白质过量能增加患癌症、心脏病、糖尿病、肾结石、骨质疏松症、高血压等疾病发生的概率，迟早会将人类送进坟墓。这篇文章迅速引起消费者的恐慌。该类传言多援引以上"研究成果"，宣称喝牛奶会致癌。2016 年，诺贝尔奖得主哈拉尔德·楚尔·豪森在一次讲话中指出，大量食用牛奶制品可能致癌，再次推高了相关舆情。

　　有关部门及媒体对"喝牛奶会致癌"问题的辟谣一直没有中断过。2013 年 10 月，中央电视台"是真的吗"栏目从多角度证实该传言不实；2013 年《光明日报》发表了题为《牛奶致癌吗？》的专题科普文章；2014 年，《温州都市报》等媒体对该谣言进行了辟谣；2015 年，《新京报》等媒体刊文指出"牛奶致癌没有足够证据";2016 年《中国食品安全报》等媒体再次刊发专题辟谣文章。

问题实质

　　"喝牛奶会致癌"这一"研究成果"是假的,牛奶中的酪蛋白致癌纯属误传。IGF-Ⅰ是人体内正常分泌的一种激素样蛋白质,它在人体血糖控制、生长发育等方面有重要作用。牛奶含有微量的 IGF-Ⅰ,与人体自身含量相比微不足道。人类饮用牛奶已经有数千年的历史,大量事实表明牛奶及其制品含有对人体有益的各种营养元素及活性物质,是最完美的食物,还可降低人类乳腺癌等疾病的发病风险。

科学真相

　　❖　类胰岛素一号增长因子不是致癌物。IGF-Ⅰ的全称是"类胰岛素一号增长因子",也被称为"促生长因子",它不是外源添加的,而是人类和奶牛自身合成分泌的一种激素样蛋白质,它在婴儿的生长发育、成人体内血糖控制及持续进行合成代谢方面具有重要意义。1 名成年人每日体内生成量约为 1000 万纳克,而市售牛奶中 IGF-Ⅰ含量仅约为 2.45 纳克 / 毫升,同人体内生成量相比,不足为虑。一些流行病学的调查显示,IGF-Ⅰ似乎与前列腺癌等癌症有一定关系。但美国食品药品监督局(FDA)、世界卫生组织和联合国粮农组织的食品添加剂联合专家委员会(JECFA)等权威部门的风险评估结果表明,IGF-Ⅰ与癌症的关系只是一种多因素的相关性,迄今为止并没有直接证据能说明

IGF-Ⅰ是致癌的原因。我国最新出版的《食物与健康——科学证据共识》中也明确提到，牛奶及其制品在研究摄入范围内与前列腺癌的发病风险无关；全脂奶及其制品与乳腺癌的发病风险无关，摄入低脂奶及其制品可降低乳腺癌的发病风险。

❖ 牛奶中酪蛋白致癌的说法不科学。牛奶中酪蛋白致癌的说法最早来源于美国康奈尔大学教授柯林·坎贝尔的一项"大鼠实验"。这个实验中在给大鼠吃含有致癌物黄曲霉毒素的饲料的同时，再分别喂食大豆蛋白或酪蛋白，结果吃酪蛋白的大鼠患肝癌的数量较吃大豆蛋白的大鼠多。不过，该实验其实存在很多问题，而且实验结果在传播过程中经过多次演绎，忽略了实验中黄曲霉毒素这一关键点，仅断章取义地选了酪蛋白。黄曲霉毒素本来就是强致癌物质，无法得出酪蛋白致癌的结论。

❖ 喝牛奶不会导致蛋白质过量。根据中国营养学会2013年公布的我国居民对蛋白质摄入的推荐量，成年男性每天约需摄入蛋白质65克，成年女性为55克。按这个标准，即使每天饮上两杯牛奶（500毫升），从牛奶中所摄入的蛋白质也只有15克，远远未达到推荐量，担心喝牛奶导致蛋白质过量完全是杞人忧天。而且，蛋白质来源于很多种食物，牛奶蛋白是优质蛋白。如果担心蛋白质过量，建议从整体膳食上进行控制，如减少红肉摄入等。

❖ 牛奶致癌没有科学依据。实际上，国际上权威癌症研究机构的评估结果也认为目前并没有足够证据认为牛奶会致癌。世界癌症研究基金会（WCRF）和美国癌症研究所（AICR）2007年联合发布的专家报告指出，目前没有任何有足够说服力的证据表明牛奶有增加或者降低患癌症风险的效果。但是，高钙饮食，不论钙是来自于牛奶还是其他食物，还是有可能增加患前列腺癌的风险。不过，究竟多少钙才是摄入过高呢？这个报告中提示的量是 1.5 克 / 天。中国营养学会推荐值为成年人 800~1000 毫克 / 天，从 2002年我国的营养与健康调查结果来看，我国居民膳食中平均每人钙的摄入量为 389 毫克 / 天，城市为 439 毫克 / 天，农村为 370 毫克 / 天，不足所需量的一半。因此，想靠喝牛奶达到 1.5 克 / 天的标准，每天需要饮用 1 升以上的牛奶，对于绝大多数中国人来说，是很难做到的。

❖ 适量喝牛奶有益健康。事实上，牛奶不仅不会致癌，适当喝牛奶对健康的益处非常大。现在的研究表明，钙的充足摄入有利于预防乳腺癌，特别是对预防绝经后女性患乳腺癌有一定意义。牛奶中的钙最容易吸收。也正因如此，我国的膳食指南建议每天饮奶 300 克，有条件的喝到 500 克，美国农业部的膳食指南建议每天 3 杯奶，哈佛大学公共卫生学院建议每天 1~2 杯奶制品。我国居民人均每年摄入的牛奶只有 36 千克，人均每天 80 毫升，远低于推荐量；在广大农村和边远地区，很多人根本就喝不到牛奶。

40. 奶牛产奶要靠激素吗？

舆情表征

多年来，网络中一直有一种传言称，奶牛一直产奶只有一个原因，就是要不停地怀孕生小牛，但并不是所有奶牛在任何时候都能怀孕，现代农场的解决方法是给奶牛打高剂量的荷尔蒙，让其不自然泌乳。舆情监测发现，有关"奶牛产奶靠激素"的说法最早出现于 2010 年前后。2012年 4 月，时任中国政法大学法学院副院长的何××在微博爆料称，国内许多高龄奶牛需要靠激素才能产奶。养殖户为治愈奶牛因超标挤奶引发的乳房发炎，而给奶牛注射大剂量抗生素，因此只有少数品牌的鲜奶能喝。该微博引发了网民对国产鲜奶质量安全水平的担忧。

自"奶牛产奶靠激素"说法出现以来，各大媒体进行了大量的辟谣。2010 年果壳网"谣言粉碎机"开设"牛奶流言大作战"系列专题，对该谣言进行了比较详细的科普。2012 年 4 月 20 日，中国奶业协会就"许多高龄奶牛靠激素产奶，奶牛反复超标挤奶靠服大剂量抗生素消炎"的说法给予了权威回应。

问题实质

"奶牛产奶靠激素"的说法不符合实际情况，是由于发帖者不清楚奶牛的生物学特性、产奶的基本生理常识而妄加猜测臆断。奶牛是经过长期人工选育的，适用于产奶的专门品种。添加雌性激素会抑制奶牛催产素的分泌，不但不能提高产奶量，反而会增加养殖成本。高龄奶牛在饲养中基本要淘汰。而且，我国对抗生素药物在养殖环节使用的监管十分严格，泌乳期一旦使用抗生素，要实行休药期间隔制度。

✻ 科学真相

❖ "激素奶"的说法不符合实际情况。奶牛是经过长期人工选育的，并用于产奶的专门品种。胎次对奶牛的产奶量影响较大，但对牛奶营养成分影响不大。一般情况下，奶牛初产头胎后产奶量并不高，第 2 胎后逐步提升，经过 4～5 胎后，产奶量就会下降。从饲养成本等方面来考虑，高龄奶牛基本要淘汰。饲料占据了较大的饲养成本，许多规模化奶牛场为保证产奶量和经营效益，每年都要及时调整牛群结构，对 5 胎以后的高龄奶牛要进行淘汰，同时补充后备牛或购买高产奶牛。

❖ 奶牛使用激素类药物增加产奶量缺乏科学依据。科学研究表明，雌性激素只能作为治疗不孕症的辅助药物，添加雌性激素会抑制奶牛催产素的分泌，不但不能提高产奶量，反而增加养殖成本，特别是在妊娠期使用还会诱发流产，实际生产中不存在使用激素类药物增加产奶量的情况。国家对抗生素药物在养殖环节使用实施了严格的监管措施，在泌乳期一旦使用抗生素进行治疗，要实行休药期间隔制度（使用不同的抗生素有不同的休药期）。在休药期间所产的生鲜牛乳，不得作为原料奶用于乳制品加工。乳制品加工企业在收购牛奶时必须按照国家规定测定生鲜乳中抗生素残留，一旦有检出，企业会拒收。

❖ 我国奶业质量总体安全。我国奶业经过多年发展，特别是近年来的规范和整顿，产业水平进一步提升，生产加工过程进一步规范，质量安全水平进一步提升。自2009年以来，农业部启动实施了全国生鲜乳质量安全监测计划，累计抽检生鲜乳样品17.8万批次，三聚氰胺等违法添加物均未检出，我国生鲜乳中不存在人为添加三聚氰胺、革皮水解物等违禁添加物的现象，生鲜乳质量安全水平处于历史最好时期。2017年7月，农业部奶及奶制品质量监督检验测试中心（北京）发布的《中国奶业质量报告（2017）》显示，2016年生鲜乳总体抽检合格率为99.8%，乳制品抽检合格率为99.5%，乳制品抽检合格率远高于食品抽检合格率。国家食药监总局对所有婴幼儿配方乳粉生产企业进行全覆盖监督抽检，并坚持月月抽检、月月公布，奶制品质量安全状况大幅提升。

41. "兽用抗生素导致儿童肥胖"是不是真的?

舆情表征

2015 年 4 月,中国之声"新闻纵横"报道,上海复旦大学公共卫生学院的一份有关"江浙沪儿童普遍暴露于多种抗生素"的研究报告引起了公众广泛关注。复旦大学的这项研究针对江苏、浙江、上海 1000 多名 8~11 岁的在校儿童尿液进行检验,结果显示近 6 成儿童尿液中检出抗生素。如果这些成分长期存在于体内,将对儿童的生长发育造成不良影响。根据复旦大学的这篇研究报告,儿童体内的抗生素可能有以下 3 个暴露源,分别是临床使用、自我药疗、摄取了受抗生素污染的水或食物。我国是抗生素生产和使用大国,年产抗生素原料大约为 21 万吨,其中 85% 用于国内的医疗和农业,人均年消费量超过美国 10 倍。清华大学环境学院水业政策研究中心付 ×× 认为,尤其是养殖业的抗生素药物残留最容易污染水体,进而影响食物。同时课题组采用体质指数和腰围判断儿童超重或肥胖,进一步分析尿液后发现,兽用抗生素或主要用于动物的抗生素暴露,与儿童超重或肥胖有明显的联系。这也表明,主要来自食品的抗生素暴露与儿童肥胖发生风险之间正向关联。研究人员认为,环境来源的兽用抗生素,主要通过污染水及食物进入人体。本次研究未观察到肥胖或超重与那些主要用于人群的医用抗生素有显著性关联。课题组认为,医用抗生素使用实质上是短期高剂量暴露,而来自食品或环境中的抗生素是长期低剂量暴露,该结果表明抗生素的暴露模式可能是影响其促进脂肪生成的重要因素之一。2015 年 6 月，中国科学院广州地球化学研究所应 ×× 课题组发布的一项研究结果显示，2013 年中国抗生素总使用量约为 16.2 万吨，其中 48% 为医用抗生素，其余为兽用抗生素。这一研究成果经媒体报道后加剧了网民对我国兽用抗生素残留问题的担忧。2015 年 7 月，包括新华网、中国经济网、《经济参考报》在内的多家媒体以《中国抗生素滥用已造成环境污染》为题报道了这一消息。2015 年相关新闻曝光后，舆论并没有将其与儿童肥胖问题做过度联系。直至 2016 年 2 月，一篇题为《抗生素滥用导致儿童肥胖》的帖子在微信、微博等渠道热传，文章再次援引以上研究结论称，抗生素，尤其是兽用抗生素的滥用是导致儿童肥胖的元凶，引发舆论热议。

针对部分网民和媒体从业人员对兽用抗生素使用现状的错误理解和过度引申，包括《新京报》、《广州日报》、江苏电视台等在内的媒体在第一时间对该谣言进行了科普辟谣；农业部组织相关专家通过新华社等渠道就我国兽用抗生素使用及动物产品兽药残留情况进行了科学解读，提出要"科学看待兽用抗生素"。

问题实质

"兽用抗生素导致儿童肥胖"是谣言，是因为一些媒体从业人员及网民缺乏兽用抗生素及动物产品兽药残留的相关科学常识，不了解如今儿童肥胖的成因，将一些不成熟的研究探讨结果滥用并过度引申。儿童肥胖与抗生素并无因果关系，而是与生活习惯、饮食、遗传、家庭经济条件等因素有关。

✺ 科学真相

❖ 儿童肥胖与生活习惯、饮食、遗传等因素有关。复旦大学课题组研究人员称此前注意到婴幼儿时期抗生素的使用与儿童肥胖风险有关，因而展开研究，得出"兽用抗生素使用导致儿童肥胖"的结论，但很多专家、学者对此提出了质疑。成都市妇女儿童中心医院营养科的专家表示，兽用抗生素可能与儿童肥胖有关，但不一定是因果关系。在临床实践中接触到的肥胖或性早熟儿童，成因多与身患肿瘤等疾病有关，由饮食中抗生素引起的案例很少。南京鼓楼医院内分泌科的专家表示，对于造成儿童肥胖的原因还有待于进一步研究。一般而言，儿童肥胖与生活习惯、饮食、遗传、家庭经济条件等因素有关，复旦研究小组的一个研究不能说明普遍存在，家长不用特别紧张。目前没有任何确凿的证据证明儿童肥胖的产生是因动物产品中抗生素残留所致。如果不排查其他主要因素，如家庭的饮食结构、遗传因素、生活方式、个体饮食量等，仅用尿中抗生素的残留检测值就作出与肥胖相关的结论，不科学也不严谨。

❖ 我国畜禽产品兽药残留合格率连续多年保持在较高水平。我国批准作为兽药使用的抗菌药，在上市前均要履行严格的审批手续，必须完成相关的药学、安全性和药效试验，并经过严格评价和审查后，方可批准生产、使用。自1999 年开始，农业部每年组织实施动物及动物产品兽药残留监控计划，年均抽检动物产品 1.4 万余批，检测包括肉、蛋、奶等 9 类样品，检测的兽药共计 24 种（类）。检测结果显示，兽药残留超标率从 1999 年的 1.43% 降至 2015 年底的 0.11%，畜禽产品兽药残留合格率连续多年保持在较高水平。

❖ 允许抗生素在动物产品中微量存在。抗生素的出现和使用为人类健康做出了贡献，对动物疫病的预防与控制同样功不可没。许多致病性细菌，如大肠杆菌 O157、副伤寒沙门氏菌等，不仅会感染动物，而且会通过食物链感染人。养殖业使用抗生素，减少了人类感染人畜共患病的概率，保证了食品安全和人类健康。任何危害与剂量之间都存在相互关系，离开剂量就无从谈起。人们因暴露于食品中极低浓度的药物残留而使健康面临可察觉的不良风险的可能性非常低。有些人认为只要动物源性食品中检出抗生素残留，就是不安全的，这是一种误解。抗生素残留只有达到一定程度，即超过规定的安全限量，才会对人体健康产生危害。在养殖过程中规范使用兽用抗生素，动物产品就不会出现抗生素残留超标情况。农业部参照国际标准和欧美标准，制定发布了我国《动物源性食品中兽药残留最高限量》标准。根据最大残留限量（maximum residue limit，MRL）标准，允许抗生素在动物产品中微量存在，人们食用抗生素残留低于 MRL 标准的动物源性食品是安全的，这是严格按科学程序进行风险评估得出的结论。据了解，我国有 302 个残留限量指标值与国际食品法典委员会（Codex Alimentarius Commission，CAC）相同，26 个残留限量指标值严于 CAC，8 个残留限量指标值宽于 CAC。农业部对兽用抗生素实施严格监管，只要动物源性食品中抗生素残留低于规定的安全限量标准，就可以放心食用。

42. 食用鱼浮灵保鲜的鱼会致癌吗?

舆情表征

2012 年开始, 网上流传文章称 "太活跃的鱼千万别买, 可能含致癌(物质)鱼浮灵"。鱼贩为了使因缺氧而濒死的鱼恢复活力, 会在水中添加一种名为 "鱼浮灵" 的化学物质, 这种物质含有铅、砷等金属和类金属, 会致癌。2015 年 11 月, 中央电视台对 "鱼浮灵" 问题进行了曝光, 引发各方高度关注。2015 年 12 月, 国家食药监总局组织专家就 "鱼浮灵" 安全性问题进行了权威解读。

问题实质

"鱼浮灵致癌" 问题有些夸大。化学增氧剂鱼浮灵的主要成分是过氧碳酸钠或过氧化钙等过氧化物, 正常使用不会对鱼造成危害, 也没有任何实验证据证实鱼浮灵会对人体造成危害。

科学真相

❖ 正常使用鱼浮灵不会造成危害。鱼浮灵的化学成分是过氧碳酸钠或过氧化钙等过氧化物, 在常温下能很快溶于水, 并迅速释放氧气。使用鱼浮灵后能迅速增加水体溶氧量并维持较长时间, 碳酸钠和氢氧化钙会导致水体 pH 上升, 其分解出的碳酸钠、钙存在水体中, 有一部分可能会被鱼的体表吸收，或通过鳃进入肌肉内，但吸收的量有限，正常使用不会对鱼造成危害，也没有任何实验证据证实鱼浮灵会对人体造成危害。不过，有些不法商贩可能会使用工业级纯度的原料生产出来的过氧化钙或过氧碳酸钠来替代，这种情况下，的确可能有引入重金属等有害成分的风险。

❖ 过氧化氢属于动物性食品允许使用的药物，使用鱼浮灵带来重金属残留风险不高。据了解，鱼浮灵类增氧产品目前尚没有相关国家标准，而且由于没有治疗鱼病的功能，严格意义上讲也不能作为渔药来对待。不过，从其主要分解产物过氧化氢来看，符合国家相关标准规定。我国农业部第235号公告《动物性食品中兽药最高残留限量》中规定，过氧化氢属于"动物性食品允许使用，但不需要制定残留限量的药物"；我国《食品安全国家标准　食品添加剂使用标准》（GB 2760—2014）中规定，过氧化氢属于"可在各类食品加工过程中使用，残留量不需限定的加工助剂"。此外，在运输流通过程中鱼浮灵类化学增氧剂的使用时间一般比较短，但重金属在鱼体内蓄积需要一定时间，总体来看因使用鱼浮灵带来重金属残留的风险并不高，消费者对于水产品在养殖和流通过程中使用鱼浮灵所带来的安全风险不必过于担心。

43. 大虾体内有寄生虫吗？

舆情表征

　　2017 年 6 月，一段"对虾体内有寄生虫"的视频在微信朋友圈中刷屏，引发网友关注。视频中，一名女子撕开对虾的颈部，挤出几小团白色线状固体，并称"这就是虾体内的寄生虫，每个虾都有"。旁白的男声则告诉大家，大虾长虫是因为养殖户给虾吃了激素，如果人不小心吃下这样的虾，就会得可怕的寄生虫病。不少网友表示这种情况"吓死人了"，以后不能再吃了。舆情监测发现，2016 年 5 月，盛产皮皮虾的秦皇岛也曾传出"皮皮虾中长出寄生虫"的视频。视频中的人同样是剥开皮皮虾的虾头，随后从其体内拽出了两条白色软体线状物质，扔在水槽里，并称秦皇岛皮皮虾被污染了，里边都是寄生虫。针对这段"有图有真相"的视频，江苏省公安厅网络安全保卫总队的官方微博"江苏网警"、南京市食品药品监督管理局官方微信账号"南京食药监"等纷纷列出了视频中众多疑点，并且指出类似的谣言在几年前就已经出现，这两条白线不是寄生虫，而是雄虾的精巢。有网友评论视频发布者"缺乏生活经验"，转发者"也不弄清事实就疯转"，还有网友认为"总觉得是有组织的造谣传播""应对造谣者进行处理"。

问题实质

　　"大虾有虫"是典型的谣言，是因为造谣和传谣者缺乏基本的生物学知识。视频中所说的"寄生虫"实际上是雄虾的生殖腺。

✹科学真相

❖ 视频中所说的"寄生虫"是雄虾的生殖腺。除了皮皮虾，龙虾、海蟹也有生殖腺，很多人将其当成虫子或者垃圾扔掉了，其实其味道和营养价值都不错。经查，雄虾的一对精巢同时出现，未成熟的精巢无色透明，成熟后为乳白色。动物性腺入菜是很正常的，甚至还是稀罕的美味。从营养成分来看，这些性腺的主要成分是蛋白质、脂类等物质，在人体的消化系统分解成氨基酸等成分被吸收。

44. 小龙虾有毒吗？

舆情表征

　　相当长时间以来，网络中充斥着各式各样有关小龙虾的段子。舆情监测显示，早在 2010 年前后，网络中就流传出"小龙虾是当年被侵华日军生化部队引进中国用来专门处理尸体的，同时称其体内积聚了大量铅、镉、铬有害重金属！"近年来，伴随着微博、微信等新媒体渠道的发展，每到小龙虾大量上市的时节，相关传言就会"死而复生"，已在我国多个地区传播。网络中有关小龙虾的传言主要包括以下 5 个方面：一是小龙虾不是虾，是一种虫子，外国人都不吃；二是小龙虾曾用来帮日军处理尸体；三是小龙虾喜欢脏污环境，被用于污水处理；四是小龙虾体内各种重金属超标；五是小龙虾有寄生虫，与横纹肌溶解症有关。

　　"小龙虾有毒"的谣言很早就引起了社会的重视，有关"日军改造小龙虾"的谣言曾入选 2010 年的十大科学谣言。相关媒体和政府管理部门针对小龙虾的诸多谣言进行过多次科普辟谣。2012 年 7 月，《人民日报》"求证"专栏连续两期就相关谣言展开调查并进行科普，对"小龙虾有毒"的各种谣言都做了权威的解读；2013 年 5 月，《新京报》也从小龙虾的由来、养殖环境、寄生虫状况等角度对相关谣言进行了逐一破解；2014 年 5 月，《新闻晨报》援引权威专家的观点解读关于小龙虾的不实传言；2015 年，"小龙虾有毒"谣言被列入中国食品辟谣联盟发布的首期 5 条谣言榜。为了确保食用小龙虾的安全健康，浙江、江苏、北京、上海等多地多次开展专项检查活动，确保其食用安全。

问题实质

"小龙虾有毒"曾被列入中国食品辟谣联盟发布的首期5条谣言榜。导致该谣言出现的原因是一些媒体从业人员和网民不了解小龙虾的驯化过程、学科分类、生物学特性及养殖技术规程。小龙虾是一种淡水虾，不是虫子，从未用来处理尸体。小龙虾与横纹肌溶解症没有直接关联，在重金属超标时无法脱壳成活，在脏污环境下生命活力差，难繁殖，更不可能用来处理污水。小龙虾的确可能携带寄生虫，不要吃生的或半生不熟的小龙虾。

科学真相

❖ 小龙虾是淡水虾，外国人也吃小龙虾。小龙虾的真名叫"克氏原螯虾"，是一种淡水虾，根本不是虫子。它和龙虾有亲戚关系，分类学上它们都是十足目，龙虾是龙虾科、正螯虾科或拟螯虾科，而人们吃的小龙虾则是蝲蛄科，在我国北方一些地区它被直接称为"蝲蛄"。它们之间的亲缘关系相似于人和猴子的关系，都是一个目，但不是一个科。小龙虾原产于美国东南部，所以又叫美国螯虾。原生地在墨西哥湾附近，尤其是密西西比河河口地带，所以也叫路易斯安那州螯虾。它是最具食用价值的淡水龙虾品种，年产量占整个淡水龙虾产量的70%~80%。联合国粮农组织曾有过统计，全世界每年小龙虾贸易量高达30万吨以上。据介绍，小龙虾在一些国家已有200余年的食用历史。我国每年都会出口小龙虾，出口的小龙虾食品以熟食为主，如虾仁、茴香整肢虾、辣粉虾，主要销往丹麦、瑞典、西班牙、英国、法国、美国、加拿大等国家，欧洲市场上 90% 的小龙虾来自中国。

❖ 小龙虾从未用来处理尸体。日本从美国引进小龙虾的时间大约是 1927 年，主要是把它们作为牛蛙的饲料。另外，小龙虾确实是由日本人带到中国来的，约在 1929 年，也是作为饲料、食物，最早登陆的地点在南京附近。但这时，抗日战争尚未爆发，南京及周边地区并非日占区，不存在处理尸体情况。

❖ 小龙虾在脏污环境下生命活力差，难繁殖，更不可能用来处理污水。实验显示，在小龙虾面前放置腐蚀性食物及新鲜食物，小龙虾选择腐蚀性食物与新鲜食物的比例为 1 ∶ 10。小龙虾是杂食动物，主要的食物是水底的有机质，水草、藻类、水生昆虫、有机碎屑都是它的食物，当然它也吃小鱼、小虾、贝类等活物，甚至在吃不饱的时候会同类相残。正因为它食性杂，所以生命活力很强，能在污染水体中生存。但是餐馆的小龙虾基本上都是人工养殖的。在养殖环境中，要根据生长需要，投喂动物性和植物性饲料，如麦麸、豆饼、水生昆虫幼体等。很多养殖户以前不注意水环境，用浅水、脏水养，小龙虾产量很低；后来注意用深水、好水养，产量就增加了。小龙虾养殖需要保持水体相对稳定，pH 在 6.5~8。水体如严重污染会影响小龙虾生长，传言称小龙虾可用于水体清洁、清除腐化物质等，是不成立的。

❖ 小龙虾在重金属超标时无法脱壳成活。小龙虾对重金属十分敏感，在重金属超标的水体中，小龙虾无法成功脱壳成活。重金属具有可积累性，自然界中处于食物链越高端的生物对重金属的积累越多。小龙虾以水草等原初生物为食，处于食物链的底端，对重金属的积累低，正常养殖下，重金属残留不会超标。近年来，监管部门在日常的抽检中并未发现小龙虾存在重金属超标的问题。

❖ 小龙虾与横纹肌溶解症没有直接关系。2010 年南京曾经发生过一次多人因"横纹肌溶解症"入院的事件，流行病学家从患者就餐史分析，高度怀疑小龙虾是导致这一事件的元凶。但是专家对搜集到的样品进行了各种各样的检测分析，包括致病菌、重金属、农药、抗生素、激素、寄生虫、藻类毒素等，并未发现异常，也没有找到可能导致横纹肌溶解症的物质，最终这一事件被定性为"哈夫病"。哈夫病是一类原因不明的横纹肌溶解症，世界各国均偶有发生，一般是吃水产品后 24 小时内发病。除了吃小龙虾，吃海鱼、淡水鱼都出现过类似案例。网上也有种说法认为是"洗虾粉"导致了横纹肌溶解症。实际上，洗虾粉的主成分是草酸，它从机理上就不具备导致横纹肌溶解症的可能。尽管它的确酸性较强，但是由于是水溶性的，洗完之后又经过很多加工程序，不可能在虾身上有很高的浓度。很多蔬菜也富含草酸，如菠菜。当然，小龙虾的确可能携带寄生虫，但其他水生生物同样可以携带，如蛙、螺、贝、鱼、菱角等都可以。预防寄生虫病的关键是烧熟煮透，尤其不要吃生的或半生不熟的小龙虾。

45. 虾蟹注胶有可能吗？

舆情表征

近年来，天津、浙江、云南、广东和北京等多地的媒体相继曝出所谓"虾蟹注胶"的新闻。舆情监测发现，最早的消费者投诉有关"水产品里注胶"的报道甚至能追溯到 2009 年。2012 年 2 月，媒体曝天津市场就查出疑似"注胶虾"；2013 年 9 月，江苏媒体称当地有"不良摊贩出售注胶皮皮虾，白色胶质物从虾内流出"；2014 年 8 月，厦门媒体报道"无良商贩为让冻虾更重更美观，竟往虾里注胶"；2015 年 7 月，在浙江温州、云南昆明等多地水产市场里，消费者买到被注了不明胶状物的"注胶虾"，引发公众对食品安全的担忧；2015 年 12 月，有媒体爆料，除了注胶虾，还有消费者反映，从农贸市场买来的江蟹上竟有几个疑似"针眼"的小孔，还流出不明胶状物，疑似是"注胶蟹"；2016 年 4 月，微信朋友圈疯传一条视频，视频里说，有人在菜市场里买了一袋虾回家，剥完虾后，竟然满手都是胶状物，简直是触目惊心！

针对"虾蟹注胶"问题，自 2012 年以来，广州、温州、昆明等多地市场监管部门开始"拉网式"大检查，重点关注市场上的"注胶食品"。2015 年，浙江温州等地曝出"注胶虾"传闻后，浙江省市场监管部门旋即通过对货物进行溯源，发现这批"问题虾"很可能来自广东。2015 年，有媒体记者对水产市场、上游水产品加工经销商调查采访并揭示了国内水产品市场的"注胶乱象"，商贩多选择价格较高、体型较大的虎虾、斑节虾等，注入食用卡拉胶进行增重获利。

问题实质

水产品市场的"注胶乱象"多有查及，是一些不法商贩给虾等水产品增重的经济欺诈行为，是不被允许的。更需要警惕的是部分商贩为节省成本，使用价格更便宜的工业明胶来增重，增加了食用安全隐患。但注胶螃蟹是不存在的。

科学真相

❖ "注胶虾"确实存在，消费者购买时要留心。多家水产经营商贩称，"注胶虾"其实一直存在，屡见不鲜。一位水产商说，"有时候虾的重量达不到就会打胶，这样看起来饱满一点"。"注胶"一般多见于竹节虾等大型虾类，主要是为了让其体型、卖相更佳。业内人士也表示，"注胶虾"在南方水产市场经常出现，此方法大多是在从东南亚进口的竹节虾、草虾、虎虾等体积较大的虾类中使用。除"注胶虾"外，这门"注胶术"已向海马、海参等名贵水产品蔓延，甚至已经成为业内的"潜规则"。

❖ 警惕注入工业明胶带来食用安全隐患。如果注的是食用明胶，不会对食用者身体造成影响。食用明胶一般是从动物皮肤、骨头等原料中提取而来，主要成分是胶原蛋白，作为一种高效增稠剂，多用于果冻、冰激凌的生产中。琼脂等食用胶是从海藻中提取而来。应警惕部分商贩为节省成本，使用价格更便宜的工业明胶来增重。工业明胶一般用于家具制造、印刷，含有铅、汞等多种重金属，会对人体的肝脏、血液产生危害，甚至会带来致癌隐患。食用明胶本身对人体无害，但虾、海马等不是后期加工生产出来的食物，无论添加食用明胶、工业明胶还是其他物质，都是不被允许的。向水产品注射食用明胶，是不法商贩欺诈消费者、牟取暴利的造假行为，其并非正常的生产工艺过程，注射环境、注射器的卫生也得不到保证。尤其是"注胶虾"更易腐败变质，可能引起细菌污染。

❖ 不存在注胶螃蟹。如果往蟹里面注射明胶，蟹受到异物影响，短时间内就会死亡。而且注胶之后，蟹脚很容易掉。卖相不好了，价钱自然也不会高。假如商贩为了给蟹增重而注胶，更加不必，因为胶的重量和蟹身上捆绑的绳子的重量相比，微乎其微。

46."螃蟹注水"是真的吗？

舆情表征

有关"注水蟹"的新闻出现得很早，2011 年前后就已现诸媒体。广东、福建、山东、浙江等多地都有过有关"注水蟹"的网络传言。这些传言称，"市面上有无良商贩为了增重而将注过水的'针孔螃蟹'出售，这种螃蟹虽然很重，但实际上缺斤短两。由于注水后的螃蟹变得不太爱动，因此商贩会向海水中添加兴奋剂，使螃蟹看起来很活跃"。甚至有网友贴出螃蟹身上疑似的"针孔"图片证明"螃蟹注水"的真实性。近年来，《法制晚报》《南方日报》《北京青年报》等媒体相继对"螃蟹注水"谣言进行过科普解读。

问题实质

"螃蟹注水"问题属谣言，是因为一些媒体从业人员及网民不了解螃蟹的生长发育习性、生物分类特征。"螃蟹注水"完全是不可能的，注水会加速螃蟹死亡。普通兴奋剂类药物对螃蟹并不适用。螃蟹身上出现的"针眼"可能是同类争斗、对抗天敌和在捕捞、运输过程中造成的伤口。带有"针眼"的螃蟹其实大多是梭子蟹。

科学真相

❖ 一些螃蟹身上的小孔并非针孔。螃蟹身上出现的

"针眼"可能是同类争斗、对抗天敌和在捕捞、运输过程中造成的伤口。少数活的梭子蟹身上都有针孔大的小孔，这些小孔有的在腹部，有的在背部，大小不一，形状不规则，以椭圆形或者扁圆形居多。不少消费者反映在市面上买到过带有"针眼"的螃蟹，其实都是梭子蟹。这种螃蟹外壳两边尖尖的，在捕捞过程中它们相互挤压就会扎到其他螃蟹的身体，从而产生一个个像针眼的洞。

❖ 螃蟹注水完全是不可能的，注水会加速螃蟹死亡。往螃蟹体内注射液体，其脏器所处环境的渗透压会发生剧变，进而导致各个脏器失水萎缩或者吸水膨胀从而致死，这个过程是相当迅速的。近年来沿海地区海蟹丰收，市场价格走低，活蟹注水后会迅速死亡，商贩不会用注水的方法增重。至于部分网友怀疑的"兴奋剂药物"，普通兴奋剂类药物对螃蟹并不适用，更关键的是无论注水还是注药，螃蟹都会快速死亡，而死蟹经济效益更低，商家得不偿失。曾有专家认为，市面上确实有一些卖冰冻螃蟹的商家有可能为了增重给螃蟹注水，但其实增重效果不会太好，注入螃蟹体内的水在冷冻的过程中还是会流出来的。售价高的螃蟹由于体内肉比较饱满根本注不进去水，而售价便宜的螃蟹虽然肉少壳空，但由于人工和时间成本问题也没有必要去注水。在南方，曾有消费者看到大排档商家用注射器往螃蟹的口中注射棕黄色液体，其实这是一种烹饪手法，将料酒和佐料放在注射器内提前注入螃蟹口中，然后马上上锅蒸，味道会非常好。这个行为并不是以增重为目的，消费者可以放心。

47. 大闸蟹养殖过程会使用抗生素或避孕药吗？

舆情表征

2012 年，网络热传"养殖户用避孕药快速催长大闸蟹；香港卖的大闸蟹都是激素养成的"。舆情回溯发现，这个网帖在网上已经存在 10 多年，主要由耶鲁大学教授陈 ×× 的一段话和香港《壹周刊》2001 年的一篇报道《狂喂抗生素，毒蟹袭港》组成。自此，有关大闸蟹在养殖、运输过程中疑似滥用抗生素、激素药物的传闻在每年大闸蟹上市期间反复出现。2014 年 9 月，在微博、微信、网站、论坛上又出现了不少传闻，说"大闸蟹都有毒，不能吃"；2015 年 11 月，"大闸蟹被喂避孕药"的谣言在网络热传；2016 年 10 月，不断有传闻称，大闸蟹在养殖与运输过程中人为添加了激素与抗生素，引起民间舆论哗然。

多年来，监管部门和社会媒体对该谣言进行了持续不断的辟谣和科普。2012 年 6 月《人民日报》"求证"栏目开展了大闸蟹养殖激素、抗生素使用情况调查，全面详细地科普了大闸蟹养殖用药情况的全貌；2014 年 9 月，中央电视台"焦点访谈"栏目就网络流传的"大闸蟹有毒"传言采访了行业专家，对相关谣言进行了辟谣；2015 年，复旦大学公共卫生安全教育部重点实验室发布了对上海市场销售的大闸蟹进行调查检测的研究报告，称上海市场销售的大闸蟹中抗生素和激素残留符合我国相关标准。

问题实质

"大闸蟹养殖使用抗生素、避孕药"属谣言，是因为一些媒体从业人员和网民不了解大闸蟹生长发育特性及其养殖用药情况。蟹黄和蟹膏都是蟹的性腺，如果蟹吃了避孕药，就会抑制性腺的成长、成熟，大闸蟹没了蟹黄或蟹膏，价值就会大打折扣。螃蟹是低等无脊椎动物，给螃蟹吃高等脊椎动物避孕药之类的药物是无稽之谈。

科学真相

❖ 大闸蟹用药催大的传言不实。耶鲁大学教授陈××说，帖子中引述他的那段话，是之前听一位中国科学院教授所说，但这位教授的名字，因为年代久远，已想不起来了。香港《壹周刊》的报道当时在香港引发轩然大波，香港食物环境卫生署立即抽取样本做抗生素及雌激素化验，化验结果显示27个大闸蟹样本全都合格，香港食物环境卫生署认为，"本港售卖的大闸蟹适宜供人食用"，还了大闸蟹一个清白。

❖ 螃蟹吃避孕药有不良作用。蟹黄和蟹膏都是蟹的性腺，如果蟹吃了避孕药，就会抑制性腺的成长、成熟，大闸蟹没了蟹黄或蟹膏，就会让大闸蟹的美味大打折扣，所以，从蟹的生长原理来说喂避孕药是不可能的。对于传言称在螃蟹最后一次蜕壳时投放避孕药，这根本不可能也不现实。从生物学角度说，秋分前后螃蟹蜕壳为绿蟹，性腺开始迅速发育，而人们吃蟹时最爱吃的蟹黄和蟹膏，恰是螃蟹的性腺。从进化意义上说，螃蟹是低等的无脊椎动物，给螃蟹吃高等脊椎动物避孕药之类的药物，这是无稽之谈。假设投放避孕药有效，不正好抑制了性腺的发育，那么人们会喜欢食用没有蟹黄和蟹膏的蟹吗？

❖ 正规用药达标也安全。在蟹的养殖过程中，不可避免地会用药，关键要看用药的品种和剂量。一些正规的可用药，其在蟹体内的残留只要不超标，就是安全的，无需过度恐慌。螃蟹生了病再喂药，效果并不明显，养蟹（鱼）还是要先养水。螃蟹养殖与鱼类相比密度很低，而且螃蟹需要的水质条件远比鱼类苛刻。即使发生烂肢病（放养过程中受伤或生长过程中敌害致伤感染病菌所致）等疾病，人们首先做的是水体消毒、微生态制剂调水，辅以少量内服药物包括抗生素，只要符合国家规定的标准就没有问题。抗生素的价格是水草数十倍，因此从经济的角度来看，使用抗生素是不合算的，养殖户一般会通过生物手段来调节水质。

❖ 大闸蟹产地监管检测到位，产品质量安全可靠。根据农业部近年对大闸蟹的产地监督抽查结果，全国大闸蟹药物残留检测合格率达到 97.6%。检测主要采取监督抽查、异地交叉的方式。检测项目主要包括硝基呋喃类代谢物、孔雀石绿、氯霉素、甲基睾酮、五氯酚钠、喹乙醇等。2015 年，复旦大学公共卫生安全教育部重点实验室发布了对上海市场销售的大闸蟹进行调查检测的研究报告，指出上海市场销售的大闸蟹中抗生素残留符合我国相关标准。

48. 吃蟹黄可能致癌吗？

舆情表征

2015 年 6 月，美国媒体发布消息称，美国纽约市卫生局将华人最爱的蟹黄、蟹膏列为了禁吃部位，因为这些地方包括消化腺、排泄腺和肝胰腺，是化学物质集中之处，可能包含大量化学物质，如多氯联苯、二噁英和镉。据介绍，由于纽约的哈德逊河和纽约港水域发生工业污染，这里的鱼类和蟹类可能包含对人体有害的化学物质。当地规定育龄女性（50 岁以下）和儿童（15 岁以下）禁止食用来自哈德逊河和纽约市周围的上湾、河流和水道的蓝蟹。该消息一经国内媒体转载，旋即引发消费者对蟹黄食用安全性的担忧。2016 年 9 月前后，一篇题为《美国卫生局叫停华人吃蟹黄，因为其可能致癌》的文章，再度援引 2015 年的"旧闻"传播"吃蟹黄可能致癌"。

2015 年 6 月 8 日，《生命时报》在第一时间发表文章回应称，"中国螃蟹可以吃"；2015 年 11 月，《新京报》针对有关传言，抽取阳澄湖、固城湖、太湖等知名养蟹地的螃蟹，进行重金属检测，根据国家标准和检测结果，送检的 3 种大闸蟹所含铬的量远低于国家标准；2016 年 9 月《华西都市报》、新华网等媒体对有关谣言进行了科学解读。

问题实质

"吃蟹黄可能致癌"是谣言。美国纽约市卫生局对蟹黄的食用建议仅限定于纽约受污染的野生螃蟹，并不涉及其他水域的野生螃蟹，尤其是养殖蟹。导致该谣言传播的原因是一些媒体从业人员和网民不了解螃蟹的生物学特性和野生蟹与养殖蟹生存环境的差别。鱼、虾、蟹等水产品确实会从水体中吸收污染物，蟹黄中的重金属含量与所处环境有关。

✳ **科学真相**

❖ 蟹黄中的重金属含量与所处环境有关。鱼、虾、蟹等水产品确实会从水体中吸收污染物。对于螃蟹而言，污染物是否超标主要跟蟹类的生长环境有关。纽约多年的经济发展给当地环境带来了污染物的积累，这些污染物逐步沉积在海底和湖河底泥中，生活在这里的甲壳类、软体类动物及鱼类就会从食物链中吸收污染物。其实纽约市卫生局的消费建议并非针对螃蟹或蟹黄，由于工业污染严重，有大量鱼类也被建议不要食用或有限食用。另外，纽约市卫生局的水产消费建议仅仅适用于当地严重污染水体环境中的螃蟹，禁吃蟹黄、蟹膏的建议主要针对来自纽约受污染天然水体中的野生蟹，在纽约之外的其他地方并不适用。

❖ 国内蟹黄可以放心食用。国内蟹的养殖环境相对更安全，可以放心食用。2011 年的一项研究表明，山东莱州湾及东营近岸海域鱼、贝、蟹、虾等 235 个生物体样品中，各种污染物含量均低于世界各国的同类食品安全限量。

49. 黄鳝是用避孕药催肥的吗？

舆情表征

多年来，网络中频繁出现的一些爆料称，"吃黄鳝别吃那些又粗又大的，都是用避孕药催肥的"。该爆料指黄鳝之所以能长得又粗又大，是因为养殖户违规投喂避孕药。舆情监测显示，首次将黄鳝和避孕药联系在一起的，是某媒体于 1998 年刊发的一篇报道。该报道称，重庆一养殖户向记者爆料，其在黄鳝饲料中添加避孕药，使黄鳝长得又肥又大，"避孕药催肥黄鳝"的传言就此诞生。此后，各大媒体相继跟进报道，该传言历久不衰。虽然曾有专家为黄鳝正言，却依旧不减人们宁信其有的心理。

2012 年 5 月，《人民日报》"求证"栏目对"样子肥大的黄鳝都是用避孕药等激素催肥的"的说法进行了调查采访，对谣言进行了全方位的破解；2015 年 6 月，农业部组织相关专家，对"避孕药黄鳝"问题进行了专题科普；2016 年 3 月，农业部农产品质量标准研究中心根据中国水产科学研究院质量与标准研究中心、农业部水产品质量安全风险评估实验室（武汉）提供的资料，针对"黄鳝是否吃了避孕药"的问题，通过形象、有趣的手绘视频进行了科学解读。

问题实质

"避孕药催肥黄鳝"是谣言，是由一些媒体从业人员和网民不了解黄鳝养殖新技术、不熟悉黄鳝生长发育特性及雌雄演变机理导致的。喂食避孕药容易导致黄鳝死亡。黄鳝变得又粗又大是因为采用了科学的饲养方法，解决了影响黄鳝生长的水温和饵料等问题，与避孕药无关。

✲ 科学真相

❖ 喂食避孕药容易导致黄鳝死亡。2000 年以前，黄鳝养殖技术不太成熟，一些小养殖户的黄鳝养不大，或者容易死，就"病急乱投医"，有些人想到了投放避孕药催长，传言就是这样起来的。2002 年 7~10 月，针对有关传言，湖北长江大学教授杨代勤带领团队做过一项黄鳝添加避孕药的效果实验。实验发现，饲料中添加激素的黄鳝，1 个月内生长速度比不用激素的黄鳝快了大约 10%，但在 1 个月后开始大批死亡。高剂量组死亡率高达 90%，中剂量组为 70%，低剂量组为 50%，3 种激素导致的结果基本相同。黄鳝吃了添加激素的饲料后，可能导致体内代谢紊乱，增加了身体脂肪的沉积，随之表现出抗病力差直至死亡的情况。专家表示，为了 10% 的"虚胖"而冒黄鳝死亡的危险，再加上避孕药的成本，对养殖户来说划不来。

❖ 激素能加快雌鳝转雄不现实。黄鳝从胚胎到性成熟（一般体长 20~30 厘米）是雌性，产卵后进入雌雄同体期，并逐步过渡为雄性。雌鳝繁殖耗能多，而雄鳝繁殖耗能少，因此生长速度更快，大约为雌鳝的 2 倍。正因为存在这种现象，出现了"加激素促转化"的传言。从理论上讲，的确可以使用雄性激素如甲基睾丸素促使雌鳝更快地向雄鳝转化，但所需条件极为苛刻，在农户养殖环境下根本不可能实现。这种转化过程需要对"胚胎后期和孵化不久的仔鳝"采用浸泡药浴，这种办法不仅操作麻烦、转化率低，而且因为目前市场上的黄鳝苗几乎都是从野外捕获的野生鱼苗，早已过了"仔鳝"这个阶段，所以不可能用这种方法。此外，黄鳝有一种特殊的"同类抑制"习性，也就是喂养密度达到一定标准，超过 15 尾 / 平方米，雌性黄鳝卵巢就自动退化体内吸收，不会排卵繁殖。在生产中，黄鳝养殖的密度至少都是 50 尾 / 平方米以上，大大高于 15 尾 / 平方米。这种情况下，不吃激素也能将雌鳝养得很大，目前市场上卖的雌鳝也较多。

❖ 科学养殖方法是黄鳝粗大的原因。黄鳝是以肉食性饵料为主的杂食性鱼类，喜欢吃鲜活饵料，不吃腐烂变质的食物，其生长速度取决于摄食量多少。黄鳝变得又粗又大是因为在饲养过程中，采用了科学的饲养方法，解决了影响黄鳝生长的水温和饵料等问题，与避孕药无关。

❖ 黄鳝产品质量安全可靠。根据农业部近年对黄鳝的产地监督抽查结果，黄鳝的乙烯雌酚激素超标率为 0，药物残留监测合格率达到 98.78%。2014 年以来，农业部各水产品质量安全风险评估实验室按不同季节、不同规格，采集了我国黄鳝主产区的黄鳝样品，全面排查黄鳝中己二烯雌酚、左炔诺孕酮等 27 种激素（包括了目前所有避孕药的有效成分）的残留情况，跟踪评估均未发现有检出的情况。目前，黄鳝的外源激素检出率为 0，其他药物的检出率低，因此，黄鳝产品是安全可靠的。

50. 黄鳝有寄生虫不能吃了吗？

舆情表征

　　舆情监测显示，有关黄鳝有寄生虫的传言最早开始于2009 年前后。2014 年，网络中又出现了一篇题为《黄鳝体内要命的寄生虫，亲，你还在吃吗？》的帖子，文内反复强调"千万别生吃黄鳝！寄生虫钻眼睛，无药可解。" 2014年 8 月，中央电视台新闻频道报道称，不管家养还是野生黄鳝，都有颚口线虫，把这一话题推向风口浪尖。2015 年8 月网络盛传一些帖子，称"10 斤鳝鱼发现 250 条寄生虫，可游走全身"，并附上了视频，引发网民强烈关注。2014 年以来，对于谣言中"黄鳝寄生虫无药可救"的说法，诸多媒体进行了科普辟谣。2015 年山东电视台公共频道"民生直通车"栏目通过现场实验和采访权威专家的方法证实，黄鳝寄生虫对人不构成威胁。

问题实质

　　"黄鳝有寄生虫不能吃"问题多属谣言。一些媒体从业人员及网民不了解黄鳝寄生虫及其不对人构成威胁，也并非无药可救，让不明真相的消费者产生了不必要的恐慌。

科学真相

　　❖　黄鳝寄生虫之一棘头虫对人不构成威胁。由于黄鳝喜欢在淤泥中钻洞，又以小鱼、小虾等为食，这样的生活习性和食物构成，决定了黄鳝体内容易滋生寄生虫，包括颚口线虫和棘头虫。棘头虫成虫寄生在鳝鱼的消化道内，它不是人体专属的寄生虫，不寄生在人的体内，对人不构成威胁。

◆ 颚口线虫可以预防和防治。当确诊人体内有颚口线虫后，治疗本身并不复杂。治疗颚口线虫病有一种特效药，即美国产的伊维菌素，只要连吃 2 天，基本可以杀灭虫子。野生黄鳝体内的颚口线虫数量肯定比养殖的多。浙江省医学科学院寄生虫病研究所研究发现，在 70℃ 以上高温下，加热 4~5 分钟，就可以消灭黄鳝体内的颚口线虫，所以，消费者不用太担忧。

三、其　他

51. 紫菜是塑料做的吗？

舆情表征

　　2017 年 2 月，一段质疑紫菜可能系塑料袋冒充的视频在网上热传。视频中，一名女士将某品牌紫菜放入水中泡发，随后捞起撕扯。泡发后的紫菜较有韧性，女子据此判定紫菜是黑色塑料袋做的。视频发出后几天，"紫菜是塑料做的，大家千万不要吃"这样的说法成了人们聊天的热门话题，网络中相继出现了不同版本的类似视频，相关产业受到严重冲击。据悉，谣言视频导致阿一波等品牌厂家的产品在多家连锁超市全部下架，损失巨大，经销商恐慌不敢订货，造成紫菜产品滞销，多家经销商致电要求退货，消费者打来电话质问，更有不明身份人员给晋江紫菜厂家负责人打电话进行敲诈勒索，并进行人身攻击。该谣言的传播还引发了国际媒体的关注。美国石英财经网 3 月 27 日刊登的题为《中国消费者不仅要警惕伪劣食品，还要防范有关食品的假新闻》的文章称，"塑料紫菜"谣言的大肆传播源于我国公众对食品安全的担忧。

　　2017 年 2 月 27 日，国务院食品安全办公室主任、国家食药监总局局长毕井泉召开新闻发布会表示，对于近期在网上传播的"塑料紫菜"等食品谣言，要按照国家相关法律法规进行严厉打击。2017 年 3 月 14 日，北京市网信办、北京市食品药品监督管理局、北京市科学技术学会联合微博等网络媒体召开会议，通报了网络流传的"塑料紫菜"的处理情况。截至 3 月 13 日，微博站方共处理"塑料紫菜"

谣言 159 条,按照这些用户对谣言的扩散程度分别作出了禁言、禁被关注、扣除信用积分、加标签注明等处理。被处理微博累计转发量 377 条。其中,新浪微博对"塑料紫菜"视频的最早发布者"启迪时报"作出了永久禁言处理。"塑料紫菜"网络谣言社会影响恶劣,波及福建、天津、四川、甘肃、青海等全国多个地区,政府职能部门、公安机关、行业协会等纷纷加入这场打击网络谣言的"阻击战"。为了维护公众、企业的合法权益,维护正常的社会管理秩序,公安部组织福建、天津、四川、甘肃、青海等多地公安机关开展侦查打击工作。其中,晋江紫菜厂所在地的晋江市公安局专门成立专案组,分别赴黑龙江齐齐哈尔、广西贵港、福建福州和厦门、山东东营、辽宁辽阳等地进行调查。截至 2017 年 5 月底,公安机关共抓获了 18 名制造、传播"塑料紫菜"谣言及实施敲诈勒索的违法犯罪人员。

问题实质

　　"塑料紫菜"是典型的谣言。有关谣言得以迅速传播主要是因公众对紫菜的凝胶特性及品种差异不了解所致。塑料与紫菜有本质的不同。

科学真相

　　◆ 紫菜坚韧不容易撕开与泡紫菜的水温有关。紫菜的细胞中含有藻红素,使其在鲜活时呈现深浅不同的紫红色。但由于藻红素降解速度快,一般的紫菜在经过加工、储存和运输之后只剩下了绿色的叶绿素,使它呈现绿色,而如果加热过度或者储存时间过长，导致叶绿素也被分解，紫菜就会变成深褐色。可以根据紫菜的颜色来大致判断其新鲜程度，但据此判断是塑料袋则太荒谬。作为一种藻类，紫菜富含胶类等多糖物质，这使得它们在收割晾干后，表面变得光滑且富有韧性。胶类等多糖物质遇到水后，会与水分子结合，同时联合多糖分子，形成比较紧密的网络结构，变得很坚韧，难以撕破，这就是紫菜的凝胶特性，其强度与水温有关。如果温度过高，结合能力弱，紫菜会变得松散，就是我们平时在紫菜汤里看到的样子。因此，紫菜坚韧不容易撕开，与泡紫菜的水温有关，而并非其是"塑料袋"的缘故。

◆　末水紫菜韧性较强，但其韧性也远低于塑料袋。不同紫菜品种的口感不一样，不同收割期的紫菜韧性有区别。市面的紫菜以坛紫菜和条斑紫菜两类为主，江苏等地以条斑紫菜为主，温州及福建等地所养殖的均是坛紫菜。条斑紫菜一般用于制作寿司等，入口即化，而坛紫菜相比条斑紫菜会略厚一些。紫菜的生长期为每年的 9~10 月到次年 3~4 月，一般半个月左右收割一次，第一次收割行话叫一水，往后叫二水、三水、四水等。一水紫菜口感较嫩，收割期越往后口感越老。紫菜出现嚼不动、咬不烂等情况，一方面可能是因为泡紫菜的水温度不够，另一方面可能是遇到了末水紫菜。不过即便是末水的坛紫菜，其韧性也远远低于黑色塑料袋，不可能发生混淆。塑料袋具有弹性，拉扯后会变薄变长，紫菜的弹性非常小，很难拉长。视频中的紫菜之所以很难撕动，除了是因为浸泡水温低或时间短等外，也有极大可能是因为是偏后收割的产品。

❖ 紫菜的气味与塑料完全不一样，而且塑料袋不吸水。紫菜的腥臭味是其本身的气味，主要与两种关键的气味物质有关，一个是 1- 辛烯 -3- 醇，它是水产品中常见的风味物质，在很多鱼和海藻中都存在，另一个是庚二烯醛，是构成鲫鱼特殊味道的主要成分。塑料的主要成分是聚氯乙烯，并含有大量的添加剂，带有浓重的化工材料气味。另外，塑料袋不吸水，浸水后表面会出现水珠。视频中的产品干时脆，遇水变软，不可能是由塑料制作的。

❖ 监管部门抽检未发现"塑料紫菜"。视频发出后几天，涉事地方的食品药品监督管理部门来到超市、市场等对在售的紫菜进行多批次的抽样检查，并没有发现所谓的"塑料紫菜"。针对网民关注的"市场上是否有用塑料薄膜做成的紫菜"问题，北京市食品药品监督管理局回应称，近 3 年对紫菜进行抽检的结果显示，目前未发现样本中存在用塑料薄膜制假的现象。2017 年 2 月，北京市食品安全监控和风险评估中心制定了紫菜鉴别方案，利用氨基酸分析仪、红外光谱仪、扫描电镜等技术手段，对 45 个紫菜样品进行了真伪鉴别和特征成分检测。根据检测结果，送检的 45 个紫菜样品均未发现网传视频所说的用塑料袋造假问题。在相关谣言曝出后，晋江市市场监督管理局组织人员开展紫菜专项检查，未发现企业掺杂塑料或塑料制品。

52. 市售生菜真有人造的吗？

2015 年元旦前后，微博和微信朋友圈里流传着一组"生菜造假"信息。消息的标题略有不同，诸如"太可怕啦！生菜都可以造假！还让人活吗""太恐怖了，生菜也能造假""生菜都可以批量生产！一晚能制作一千兜""圆生菜的制作工艺！看完开始怀疑人生了"，甚至有的说"人与人最基本的信任都没了"，有人在转发时备注"朋友圈曝光此事，多一份转发，让朋友少受一份毒害"。这些被疯狂转发的文章，阅读量大得惊人，虽说标题各异，但其内容一致，都是以 9 张动态图记录了用白色和绿色两种液体放入水中制成"圆生菜"的过程。

2016 年 7 月，Facebook 等国外社交媒体上该谣言"死而复生"。谣言称，"中国在向全世界卖假的卷心菜"。据了解，2016 年 4 月前后，菲律宾一个报道当地商业新闻的媒体发布了一个用蜡来制作假卷心菜过程的视频。视频中制作出的"卷心菜"与真实的卷心菜神似，可以以假乱真。尽管这是一个韩国电视台的节目，但这家菲律宾媒体配的文字说明却指出，"卷心菜对身体健康有好处，但买卷心菜的时候要小心，因为中国可以制造假的卷心菜，请转发让大家都知道。"2016 年 5 月前后，一个微博账户又发了类似的视频。这次视频来自日本，但此账号的解释是"日本人发明了这个，中国生产并向全世界出口假的卷心菜"。2016 年 6 月，加拿大魁北克的一网友发布了一个和上面两个类似的制作假卷心菜的视频，然后表示"我永远不会买中国生产的卷心菜。"他的帖子发布后得到了350多万次的点击，26000余次转发。从那以后，"中国制造假卷心菜"的消息就开始更频繁地出现了。

2015年1月6日，中央电视台"焦点访谈"栏目就"造假生菜"的谣言进行了全面的科普辟谣。2016年，有关"中国制造假卷心菜"的谣言传出后，引发国内舆论愤慨，各大网站媒体纷纷辟谣解读。国外方面，美国的新闻聚合网站Buzzfeed在调查后向网友进行了辟谣说明。

问题实质

"人造生菜"纯属谣言，是境外一些别有用心的人将橱窗展示的食物模型制作过程伪装成我国农产品生产加工过程，以贬损我国农产品的安全性，自媒体基于自身运营和推广目的传播谣言，一些不知情网民偏听偏信、以讹传讹。

科学真相

◆ 动态图"张冠李戴"，食品模型制作过程被当作"生菜造假"。调查发现，朋友圈和微博流传的9张动态图来自一段日本的视频，是日本的仿真食品工厂制作模型的过程，用的是一种高分子化学材料，制作的圆生菜也不是用来吃的。据了解，在日本有很多这样的食品公司，人们可以体验制作生菜、天妇罗等食品模型，体验一次最低需要约50元人民币。食品模型是起源于日本的比较发达的食物立体表现手段，多用于店前展示及产品的配套展示，具有较强的唤起食欲的效果。虽说"食品模型"目前在国内还是个比较新的概念，但在很多餐饮经营处还是可以经常看到的，有的做成刀削面，有的做成茄子炒豆角，还有的做成木须肉等。

❖　自媒体基于自身运营和推广目的传播谣言。原本一个日本人制作圆生菜食品模型的过程，却被名为"三台微商网络联盟""掌上百宝囊""生活小百科"等很多不同的微信公众号以不同的标题相继转发成"生菜造假"等危言耸听的谣言，进而部分国外社交媒体、自媒体在未加考证的情况下臆造所谓"中国在向全世界卖假的卷心菜"的谣言。各种自媒体账号的以讹传讹，把日本的食品模型表演，改成了中国的所谓"造假"。究其原因，正是在自身运营和推广的需求下，一些具有不同经营范围的微信公众号，都不约而同地对所谓的"生菜造假"感兴趣。这些微信公众号在发布这种耸人听闻的信息时，有个共同特点，就是广告推送。因此，即使明知是假，这些微信公众号也会发布这样最刺激、最吸引眼球的消息来博取关注，从而达到自己的商业目的。

53. 喝豆浆会致癌么？

舆情表征

　　舆情监测显示，网络中有关饮用豆浆会致癌的传言最早出现于 2009 年前后。多年来，相关问题一直在微信、微博等网络渠道中反复出现。内容大致是，豆制品中含有大量植物雌激素（以大豆异黄酮为主），未能吸收的植物雌激素会在人体内积聚，造成人体内雌激素偏高，提高乳腺癌患病概率。例如，2015 年，宁波有媒体报道，宁波市中医院特检科主任医师孙 ×× 接诊了一位 45 岁的女患者，其为了养生每天早上喝自磨豆浆，坚持近 3 年，后来体检竟检出了乳腺癌。2012 年，著名科普人阮光锋就曾在果壳网就相关问题进行了比较详细的解读介绍；2015 年，《中国妇女》杂志等媒体也就相关问题进行了辟谣。

问题实质

　　"喝豆浆致癌"系流言，主要是因为网民不熟悉植物雌激素的药理作用，大豆异黄酮具有促进乳腺发育和泌乳及抗肿瘤等作用，不但不会导致乳腺癌，吃豆制品还可以预防乳腺癌。

科学真相

　　❖　植物雌激素的功能不同于人类雌激素。植物雌激素是一类天然存在于植物中的非甾体类化合物，因为生物活性类似于雌激素而得名，大豆中的大豆异黄酮就属于其中之一。植物雌激素在食物中分布广泛，扁豆和谷物中的木酚素、黄豆芽中的香豆素都是植物雌激素。一提雌激素，许多人就心怀顾虑，因为过高水平的雌激素有引起患乳腺癌、子宫内膜癌、子宫肌瘤的风险及导致子宫出血的危险。但植物雌激素和人的雌激素是不一样的。研究发现，植物雌激素对女性体内雌激素水平起到的是双向调节作用。植物雌激素具有与雌激素相似的分子结构，可以和雌激素受体结合，产生与雌激素类似的作用，但是这个作用比人体内雌激素所发挥的作用要小。当人体内雌激素不足时，它的结合可以起到补充雌激素的作用；而当体内雌激素水平过高时，它的结合又因为阻止了雌激素与受体的结合而起到抑制作用，相当于降低了雌激素的水平。因此，植物雌激素又被称为女性雌激素水平的调节器。

❖ 大豆里的大豆异黄酮不仅不会导致乳腺癌，还可以预防乳腺癌。制作豆浆的原材料一般是大豆。和流言所述的相反，大量研究都证实，适量吃豆制品可以预防乳腺癌。流行病学研究显示，亚洲人因摄入大量的大豆及大豆制品，所以乳腺癌和前列腺癌的发病率和死亡率均低于西方人。1项针对上海市女性乳腺癌现状的调查通过跟踪上海市5042名20~75岁女性乳腺癌患者，发现吃豆制品可显著降低乳腺癌患者的死亡率。对生活在新加坡的中国女性进行的膳食与乳腺癌病例对照研究的结果也表明，大豆对乳腺癌的发生有显著预防作用。2008年，发表在英国《癌症》杂志的一篇文章也表明，大豆异黄酮不但不会增加患乳腺癌的风险，反而会降低乳腺癌的患病率，尤其在大豆类食品消费量较高的亚洲人群中。《美国医学会杂志》2009年报道表明，在中国，罹患乳腺癌并食用较多大豆食品的妇女其死亡率及治愈后乳腺癌复发风险比较低。此外，发表在世界权威医学杂志《癌症》的文章《国际乳房健康和癌症指南》列举了世界各国一些预防乳腺癌的方法，其中饮食方法之一就是要适量吃大豆及其制品。国内著名乳腺癌专家邵志敏、沈镇宙、徐兵河主编的《乳腺肿瘤学》一书中介绍，对3000多例乳腺癌病例和健康对照研究发现，摄入大豆制品高的女性，乳腺癌发生风险可以降低30%；青少年时期大豆制品类食物摄入多，可能会降低成年后患乳腺癌的危险。可见，食用豆浆等豆制品不但不会患上乳腺癌，反而可以降低乳腺癌发生风险。

❖ 更年期女性吃豆制品可缓解更年期综合征。进入更年期后，女性体内的雌激素水平会明显下降，并出现一系列身体不适症状，临床上称为"妇女更年期综合征"。雌激素的减少会降低钙的吸收和利用率，使骨质密度下降陡然加快，导致骨质疏松，无疑会对女性的健康产生不利影响。研究发现，在这个阶段，吃大豆制品可减轻或缓解更年期综合征。澳大利亚的科学家研究发现，更年期妇女如果每天食用45克大豆，其更年期综合征的发生率会降低40%。饮食中含有豆类食物，可缓解更年期妇女潮热出汗的症状。还有一些研究发现，吃豆制品能改善更年期或临近更年期妇女全身动脉的弹性。对478名绝经后女性进行调查发现，吃豆制品可以有效地减轻骨质疏松。还有研究发现，每天摄入含大豆异黄酮100毫克的豆制品不仅是安全的，还能起到预防经期综合征和心血管疾病的作用。

54. 真有"人造橡皮蛋"吗?

舆情表征

　　近年来,几乎每年冬春季节都有媒体报道有市民买到疑似"人造蛋",这些"人造蛋"无一例外具有"蛋黄咬不动,还能弹跳,疑似橡皮质地"的特征。例如,2011 年,有媒体称,山东有人买到了"假鸡蛋""鸡蛋煮熟后蛋黄摔在地上能蹦起 20 厘米高";2012 年 2 月,《楚天都市报》报道湖北武汉市民买到的鸡蛋"煮熟的蛋黄能弹跳";2015 年 1 月,浙江有媒体报道"当地多名网友遇到了蛋黄超级 Q 的鸡蛋,已实验拿着蛋黄当乒乓球打。"该传言在传播过程中甚至衍生出"双黄蛋是人造蛋""血蛋是人造蛋"的传闻。2014年,《香港明报》报道,美国旧金山食品科技公司 Hampton Creek,研发出植物制的人造鸡蛋及蛋黄酱等,获长江实业集团有限公司主席李嘉诚旗下私人投资公司"维港投资"资助,该条消息进一步加深了网民对"人造蛋"问题的担忧,相关传言也愈演愈烈。

　　多年来,媒体对人造橡皮蛋多以事件报道为主,相关辟谣传播相对滞后。2012 年,科普博主云无心曾发表博文,详解橡皮蛋的由来、辨识方法等;2016 年 9 月,《农民日报》援引相关专家的观点,对人造蛋、橡皮蛋等问题进行了集中科普。

问题实质

"橡皮蛋""人造蛋"一类问题系谣言，是因为一些媒体从业人员及网民不清楚鸡蛋在冷藏过程中的变化、不了解蛋鸡养殖过程中饲料对鸡蛋可能产生的影响，盲目跟风炒作。"橡皮蛋"产生多因低温长时间保存，或饲料中棉酚含量过高。

科学真相

❖ "人造橡皮蛋"产生多因低温长时间保存。一般冬天接到类似"人造橡皮蛋"的投诉明显比夏天多很多。杭州市面上的鸡蛋主要产自建德、江苏及东北。东北冬天都是 -10℃ 到 -5℃ 的气温，鸡蛋在运输过程中如果没有得当措施，早已经冻坏了，一旦冻坏，蛋黄就无法煮熟，这样的蛋黄会很有弹性，这也是为什么大部分市民总是在冬天偶遇所谓的"假鸡蛋"。另外，一般消费者买鸡蛋都是十几个一起买，通常放在冰箱中储存。冰箱里的鸡蛋受低温影响，也可能出现煮不熟、蛋黄弹性异常的情况。可见，正常的鸡蛋如果在低温下保存时间过长，蛋黄可能变硬而成为"橡皮蛋"。

❖ "蛋黄异常"与鸡饲料中棉酚等物质含量过高有关。"橡皮蛋"最常见的成因是鸡食用了棉酚含量过高的饲料。棉籽饼是棉籽提取油之后的残渣，富含蛋白质，经常被用在鸡饲料中作为蛋白质来源。棉籽中含有一种物质叫做"棉酚"，游离的棉酚会与蛋白质中的赖氨酸结合阻止它被吸收利用。此外，棉酚还会抑制胃肠中蛋白酶的活性，从而影响鸡的生长，以及影响蛋的产量和质量。大量的数据表明，棉酚含量过高会导致"橡皮蛋"。此外，棉籽和许多植物中含有的一类叫做"类环丙烯脂酸"的物质，也会导致"橡皮蛋"。实际上，棉酚含量过高不仅仅导致"橡皮蛋"，还可能导致"杂色蛋黄"和"蛋黄颜色异常"。后者是指蛋黄的颜色与正常蛋黄不同，这种情况不是很多。而前者是指蛋黄颜色不均匀，存在深色或者浅色的补丁，比较常见。

❖ 双黄蛋、血斑蛋不是人造蛋。"双黄蛋"是指一个蛋壳中含有两个卵黄的蛋。双黄蛋是由于母鸡（鸭）受到惊吓，或患有卵巢疾病，或初产母鸡（鸭）卵巢活动不规律等导致的，并非因人为干扰甚至激素所致。从市场角度看，双黄蛋并没有卖点，价格也不比普通蛋高，所以不必过于恐慌。"血斑蛋"是指鸡蛋打开后，在蛋黄上有类似血块（小肉斑）的鸡蛋。造成鸡蛋中血斑形成的原因包括品种遗传性和少数蛋鸡患生殖系统疾病、蛋鸡受到外界惊吓使毛细血管破裂或遇到输卵管上皮脱落、饲料中缺乏维生素 K 等。因此，这种"血斑蛋"只是因母鸡营养不良或者产蛋时受到刺激造成的，煮熟后可以放心食用。

55. 吃鸡蛋会诱发"三高"吗？

舆情表征

2012 年前后，加拿大的一项研究报道提出，从形成血栓严重程度来说，吃蛋黄的危害几乎等于吸烟坏处的 2/3。随着一些媒体的报道，各种"鸡蛋有害"的说法在网络流传。有网文称，"鸡蛋胆固醇含量高，吃多了容易导致人体'三高'（高血压、高血糖、高血脂）病症"。一些网友甚至说，"鉴于高血脂等健康问题日益突出，成年人群都要远离鸡蛋。"吃鸡蛋引发三高的谣言由来已久，2012 年 11 月 22 日，《人民日报》"求证"栏目对此进行了科学详细的解读。

问题实质

"吃鸡蛋会诱发三高"是谣言，是由于网民不清楚鸡蛋的营养品质及人体"三高"的成因。蛋黄中含有丰富的卵磷脂，具有降低人体血胆固醇含量的效果，并能促进脂溶性维生素的吸收。

科学真相

❖ 多吃鸡蛋引发"三高"没有科学依据。鸡蛋对人体胆固醇含量影响不大，蛋黄中含有的卵磷脂有降低血胆固醇含量的效果。多吃鸡蛋会引发"三高"在国际上没有公认的证据。人体内胆固醇有两个来源，一个是内源性的，在肝脏合成，每天约有 1000 毫克，是人体内胆固醇的主要来源，占 70%。另一个是外源性的，从食物中获得，主要来自肉类、内脏、蛋黄和奶油。《中国居民膳食指南（2007）》建议，居民每日胆固醇摄入量为 300 毫克。而 1 个鸡蛋黄的胆固醇含量为 200 毫克左右，低于居民膳食指南的推荐量。据了解，食物中的胆固醇在人体血液中以高密度脂蛋白胆固醇、低密度脂蛋白胆固醇、极低密度脂蛋白胆固醇几种形式存在。当低密度脂蛋白过量时，它携带的胆固醇易积存在动脉壁上，造成动脉粥样硬化，是导致心脑血管疾病的元凶，被称为"坏胆固醇"。而高密度脂蛋白能将血液中多余的血脂运送到肝脏代谢掉，被称为"好胆固醇"。蛋黄中含有丰富的卵磷脂，具有降低血胆固醇含量的效果，并能促进脂溶性维生素的吸收。真正刺激身体制造胆固醇的物质是饱和脂肪和反式脂肪。鸡蛋中的饱和脂肪含量相对较低，1 个鸡蛋中的饱和脂肪约为 1.5 克，仅为一汤勺黄油的一小部分。如果血脂水平增高，需要减少脂肪的摄入，增加体力活动并且控制体重。相比膳食因素，运动、戒烟、情绪调节对调节胆固醇水平更有效。

　　❖ 食用高胆固醇食物只是血栓形成的一个原因。对于"吃蛋黄的危害几乎等于吸烟坏处的 2/3"的说法，来自一篇发表在《动脉粥样硬化》杂志上有关鸡蛋黄与颈动脉斑块之间研究的报告，是基于 1262 名患者进行的回顾性研究调查。但毕竟每名患者的饮食、日常生活方式等均存在差异，要做到更加客观，尚需更大样本的前瞻性观察。该研究所用调查方法在流行病学中属于现况调查分析，只是说明血栓增加与吃蛋黄两种现象之间存在某种关联性，并不能说明因果关系。如果血管狭窄、血流变慢、血液凝固性增高，就容易出现血栓。血栓受肥胖、吸烟、糖尿病等影响，是遗传和环境等多因素作用的结果。常吃高胆固醇食物对血栓有促进作用，但造成血栓的原因还包括脂肪总量高、肥胖、吸烟、酗酒、高血压、年龄大、体力活动少等。从合理膳食的角度来看，控制脂肪总量、少摄入饱和脂肪酸（动物油）、多摄入不饱和脂肪酸（植物油）、少摄入反式脂肪酸、适量摄入膳食纤维、保证充足的维生素和微量元素摄入量、少饮白酒等，能够使"好胆固醇"增加、"坏胆固醇"下降，有助于人体健康。烟叶不完全燃烧产生尼古丁、一氧化碳等物质，通过损伤血管内皮、使动脉血管腔变窄等途径，引起冠状动脉、颈动脉等多种动脉粥样硬化。吸烟导致动脉硬化是通过数千项研究证实的。烟草烟雾中含有 7000 余种化学成分，其中数百种为有害物质。膳食因素和吸烟导致血栓的机理不同，吃蛋黄也绝对不等同于吸烟。

❖ 每天吃 1 个鸡蛋是有益于健康且是安全的。鸡蛋黄有众多优点被人们所忽视了。蛋黄集中了鸡蛋中的 12 种维生素和多种保健因子，包括有利于预防心脏病和视网膜疾病的叶黄素和卵磷脂等。如果只吃鸡蛋白而弃去蛋黄，是一种巨大的营养浪费。鸡蛋可提供优质蛋白质，其氨基酸组成与人体需要最接近，对儿童乃至成年人而言都是良好的蛋白质来源。因此，我国建议居民每日摄入蛋类 25~50克，相当于半个至 1 个鸡蛋。胆固醇氧化的产物较胆固醇本身更具健康风险，因此需要注意鸡蛋的烹调方法。建议采取蒸煮、水煮等形式，避免频繁采用油炒、油煎、焗蛋黄等烹调方法。血脂正常的成年人每天以吃 1 个鸡蛋为宜，这样既有利于消化吸收，又能满足机体的需要。胆固醇正常的老年人，每天吃 1 个鸡蛋，其 100 毫升血液中的胆固醇最高增加 1 毫克，不会造成血管硬化。对于已经出现脂质代谢紊乱、胆固醇水平超标的患者来说，可以酌情减少蛋黄摄入量，可每两天吃 1 个鸡蛋，或每周 2~3 个鸡蛋，也就是说，鸡蛋并非"完全不能碰"。发生高热的患者，消化液分泌减少，吃鸡蛋不易消化，但喝点蛋花汤没问题；对于肾炎，特别是肾功能不全的患者，对摄入蛋白质的总量要控制，但不只是鸡蛋。

56. 喝蜂王浆会致癌吗？

舆情表征

　　舆情监测发现，"蜂王浆致癌说"最早出现于 2003 年前后。2012 以来，该传言大量出现于互联网环境中。特别是有了微博、微信之后，"民间养生专家"可谓是大行其道。该类谣言普遍称，"进补喝蜂王浆，乳腺癌患者引来肿瘤复发"，将乳腺癌复发归因于蜂王浆"含有高量雌激素"。另外，少数医学执业者也持有这种观点。2017 年 4 月 8 日晚中央电视台财经频道"职场健康课"栏目播出的"破译职场高发癌症密码"节目中，中国医学科学院肿瘤医院张××主讲的关于"蜂王浆是雌激素含量很高的补品"，在行业内引起很大反响。

　　近年来，"蜂王浆有激素，会引发女性乳腺癌等妇科肿瘤"的传言不绝于耳，导致公众蜂王浆消费信心下降，内销市场中蜂王浆销量逐年下滑。据中国蜂产品协会蜂王浆专委会统计，受"蜂王浆激素论"为主的因素影响，近几年蜂王浆的国内消费量从 2000 吨下降到 1200 吨，下滑 40% 左右。事实上，早在 2003 年谣言传出之初，就有很多专家、学者通过科学研究以正视听。2003 年 3 月，《扬子晚报》就以《蜂王浆与乳癌无关》为题报道，江苏专家通过对 9 家医院 300 位患者 1 年的追踪研究发现，乳腺癌与蜂王浆没有关联。但随着近年来微博、微信等社交平台的兴起，老谣言又复传了，而且越传越火，让全国蜂产品行业受损严重。2014 年，《经济日报》援引权威专家观点表示，蜂王浆不会致癌。

问题实质

"喝蜂王浆致癌"是违背常识的谣言，没有科学依据。蜂王浆中的性激素在日常动植物食品中普遍存在，是食物中正常的生物活性营养成分。食用蜂王浆是安全的，并且有一定保健作用。

科学真相

❖ "蜂王浆激素论"违背科学常识，"会引发癌症"的说法没有科学依据。2015 年中国农业科学院蜜蜂研究所在全国蜂王浆主产区采集 237 个蜂王浆样品进行了调查研究，只有 52 个样品检出以 β-雌二醇为主的雌激素（检出限为 0.5 微克/千克），且只有 6 个样品含量超过 1 微克/千克，最高为 26 微克/千克；根据国家标准提供的雌激素每日容许摄入量（ADI）推算，对于最高雌激素检出水平的蜂王浆，成年人需要每日食用 100 克才会带来安全风险，而正常人的每日推荐食用量为 10 克左右。因此，蜂王浆中雌激素含量不会带来健康风险。蜂王浆中的性激素在日常动植物食品中普遍存在，是食物中正常的生物活性营养成分。人一刻也离不开激素，人体除了要自身合成激素外，还需从食物中补充。一般每人每日所需性激素量为 5000~7000 微克，即使我们每天食用 15 克蜂王浆，1 个月共食用 450 克，补充的性激素也只有 3.6 微克。所以，从激素水平来讲，对于妇女，尤其是中老年妇女，食用蜂王浆是安全的，并且有一定保健作用。蜂王浆不但安全，而且营养价值不可轻视。从蜜蜂的生长过程来看，3 日龄内小幼虫均被饲喂蜂王浆。

3 日龄后，持续被饲喂蜂王浆的雌性蜜蜂幼虫能发育成有生殖力的蜂王，体型更大，寿命更长，而未被饲喂蜂王浆的幼虫成为无生殖力的工蜂，体型和寿命大大不如蜂王。从营养价值来讲，蜂王浆起到关键作用。

❖ "蜂王浆激素致癌论"与实际情况不符。日本是世界上最大的蜂王浆进口和消费国，人均消费量是我国的 6~8 倍。由于日本本土生产蜂王浆数量有限，成本很高，从 20 世纪 60 年代开始陆续从中国大陆和中国台湾进口蜂王浆，数量逐年递增。目前，日本蜂王浆市场的年消费量在 800 吨以上，90% 以上是从中国进口的，价格是中国内销市场蜂王浆零售价格的 10 多倍。但是，日本人不仅是世界上最长寿的人群之一，而且日本是发达国家中乳腺癌发病率最低的国家。从中国国内情况来看也是如此，南京是我国消费蜂王浆时间最长、数量最多的城市。据 2013 年南京市民政局公布的数据显示，南京人人均预期寿命达到 81.7 岁，大大超过我国"十二五"人均预期寿命 75 岁的目标。根据 2003~2007 年全国部分肿瘤登记点女性乳腺癌死亡率报告，南京每 10 万人中女性患乳腺癌死亡人数为 8.57 人，远远低于北京的 12.54 人和上海的 17.79 人。

57. 中国人的煮饭方式会致米饭砷残留偏高吗？

舆情表征

2017 年 2 月，英国广播公司（BBC）网站引述其电视节目"相信我，我是医生"（Trust me, I'm a doctor）观点指出，大米中的砷含量比其他谷物类高 10~20 倍，主要原因是稻米普遍于水田中种植，使砷容易进入大米。在 BBC 电视节目"相信我，我是医生"中，Queens University 的马哈尔格教授比较了 3 种不同的煮饭方法后发现，大米未经浸泡直接煮熟，米饭中的砷残留最高，而这就是中国人最常用的煮饭方法。该报道被国内一些媒体转载后，一些微信公众号便添油加醋，借此大做文章，把标题改成了《惊人！惯用的煮米饭方法，让你吃进了最多的砒霜？》或《实验证明，中国人最常用的煮饭方式，居然砷残留最多》。此类消息的传播，引发国内消费者的恐慌。其实在 2016 年，美国食品药品监督管理局就提出要控制孕妇和婴幼儿饮食中米制品的比例，理由是米粉中含无机砷，需要用其他谷物来平衡，当时也引起了不小的风波。

问题实质

该谣言的形成主要是由于国内媒体，特别是一些自媒体账号在传播这一消息时，添油加醋，掩盖或歪曲了部分事实。在 BBC 的这篇报道中，马哈尔格教授并未提到"中国人惯用的煮米饭方法会吃进更多的砷"，也没有给出大米中砷含量的数据，以及是否超标的说法，只是进行了相对比较。

✵ 科学真相

❖ 我国对大米中砷的控制走在世界前列，大米无机砷限量国际标准就是由我国牵头制修订的。水稻吸收砷的能力比其他农产品都强，砷污染的地下水或地表水灌溉也会导致水稻砷含量较高，但大米在经过加工后其无机砷含量大大降低了。目前，我国对无机砷的控制主要在两方面：一是饮用水方面，我国对生活饮用水及包装饮用水中无机砷的控制标准和欧盟、美国一致；二是食品方面，我国对谷物、水产、肉、奶、油、菜等多个食品品种均制定了无机砷的限量标准，其是目前全世界最严格、最全面的食品中无机砷限量标准。事实上，我国早在 1994 年就开始对大米中各项污染物制定限量标准了。2014 年国际食品法典委员会的会议通过了由中国牵头修订的《大米无机砷限量国际标准》，限量值为 0.2 毫克 / 千克。在当前的标准下，全球稻米的不合格率仅为 1%，而致癌风险仅为十万分之一。我国对无机砷，包括大米中砷的控制是走在世界前列的。

❖ 多年监测均未发现砷超标的产品。如果水稻种植在一些有化工污染的地带，确实会增加大米的砷含量。但是，就近几年相关的调查研究结果看，我国市场上还没遇到过大米砷含量超标的案例。2014 年以来，国家食品药品监督管理总局的食品安全监督抽检计划共抽检了 7438 批次粮食及其制品，其中包括 3525 批次大米及其制品，均未发现砷超标的产品。我国的大米质量是安全的。

❖　无机砷是易溶于水的，马哈尔格教授的实验充分说明了这个特点。但通过浸泡、蒸煮去米汤后，大米的很多营养物质也随之流失。目前我国大米无机砷含量处于安全水平，从营养膳食的角度来看，不建议过度洗米，或去掉浸泡的米（水）汤。

58. "面条掺胶"是不是真的？

舆情表征

2017 年初，一条"面条被水洗后还剩下少许不溶于水的物质"的视频在网络上突然火了，该网友还在视频中表示，现在好多面条都加了"胶"，没法吃了。一时之间，面条成了有毒食品的说法甚嚣尘上。另一段类似视频则显示，一般煮过面条之后会出现黏糊糊、煮不烂的东西，认为"面条里的'胶'煮不烂是因为加了塑化剂"。此外，还有网友质疑自家买来的面条可以被拉得又细又长，怀疑里面掺入了胶水。类似这样的"面条掺胶"传闻在网络中大量传播，上海、湖南、河北网民反响强烈。多地专家和媒体，以及食品药品监督管理局纷纷通过各种渠道进行辟谣说明。

问题实质

"面条掺胶"是误传。面粉及其制品在用水洗时不溶于水的物质是面筋，即蛋白质成分。部分消费者由于缺乏对面粉及其相关制品特性的了解，容易产生"面条掺胶"的疑惑。借助网络，尤其是微视频的传播，这种疑惑逐渐演变成一种误传与谣言。

科学真相

❖ 面粉及其制品中不溶于水的物质是面筋。面粉及其制品在用水洗时淀粉和水溶性成分就会溶于水中，剩下具有黏性、延伸性且不溶于水的物质，即面筋。面筋是一种植物蛋白质，由麦胶蛋白质和麦谷蛋白质组成，是面粉中的正常营养成分，可以为人体提供必需的氨基酸。小麦面粉的等级越高，要求的面筋含量也越高。面筋蛋白是面条的骨架，其含量和结构的细微差异赋予面粉不同的加工性能，所以具不同加工用途的面粉经水洗后，剩下的面筋的含量是不一样的。

❖ "面条掺胶"是误传，但是加"海藻胶"有可能。市面上的面条也确实存在"掺胶"的情况，不过此"胶"非彼"胶"。在挂面、粉丝、米粉制作中会添加一种名为"海藻胶"的添加剂，可改善制品组织的黏结性，减少断头率。特别是对面筋含量较低的面粉，效果更为明显。"海藻胶"是一种天然食品添加剂，合理使用是被允许的。而网传视频中，市民指责面条生产商加入的"胶"，显然是指胶水之类的非法添加剂。

❖ 面条能拉多长、筋道与否，主要取决于面粉、鸡蛋和水等原料的比例，如果搭配得好，拉出来的面自然可以又细又长；另外，与面点师傅的力道也有关，经过反复揉搓，让"面筋"出来，面条自然口感"Q弹"。这两点都与掺胶毫无关系。事实上，"毛细拉面"素来就不是什么传说，而是一门手艺活。

59. 肉松是棉花假冒的吗？

舆情表征

2017 年 5 月，一段网友拍摄的题为《所谓的肉松饼，里面居然是海绵》的视频在爱奇艺视频网站上线，短时间内播放量就突破万余次。视频中，一男子将肉松饼内馅洗净后不停在水中揉搓，称里面的絮状物为"棉花"，并用打火机点燃，称有"棉花味"。而在优酷平台，同样的操作手法在《肉松饼出事了，肉丝居然是棉花》《棉花做馅的肉松饼》等视频中出现，只是解说人用了不同方言。舆情监测发现，海南、广西、福建、安徽等地先后出现多段网民自发上传的所谓"肉松棉花造"的视频，涉及多个肉松饼品牌。

事件发生后，部分肉松生产企业立即通过自有途径澄清。市场监管部门第一时间对属地部分品牌肉松饼进行抽样检验，结果显示肉松均为动物的肌肉组织，不是"棉花"；执法人员对肉松生产企业的现场检查也均未发现任何采购、使用棉花的迹象。《法制晚报》《现代快报》等媒体通过现场对比实验的形式，揭示了"棉花肉松"的谣言特质。截至 2017 年 5 月底，海南、浙江、江苏、福建等地警方已先后逮捕多名参与制造或传播"棉花肉松"谣言的嫌疑人。

问题实质

棉花与肉松在口感、加工特性等方面具有本质的不同，"棉花肉松"系谣言。部分消费者在网络中看到相关谣言视频后，缺乏必要的理性判断，以"宁可信其有，不可信其无"的心态造谣、信谣、传谣，造成了事态的扩大。

✳ 科学真相

❖ 能洗出颜色是因为添加了酱油。视频中，肉松洗过之后水变得浑浊泛黄，里面的"棉花"也开始掉色，所以有人便指出这是使用了上色后的"棉花"替代肉松。实际上，根据 2009 年 6 月发布的国家标准《肉松》（GB/T 23968—2009），肉松在制作过程中允许加入酱油作为辅料。在普通发酵过程中，酱油中的色素成分主要有氨基糖、黑色素和焦糖。酱油中这 3 种色素的前体物质都来自原料中的大豆和淀粉，无毒无害。所以肉松洗下来的颜色不一定与人工上色有关。

❖ 棉花与肉松有本质的不同。首先，在口感上棉花根本不可能"冒充"肉松，因为肉松是一种肌肉纤维，主要成分是蛋白质。棉花是植物纤维，它的主要成分是纤维素，而纤维素是一种不可溶膳食纤维，放入嘴里嚼不烂。肉松是用肉作为主要原料，经煮制、切块、撇油、配料、收汤、炒松、搓松后制成的肌纤维蓬松絮状肉制品，所以用水洗后呈絮状物也有可能。不过，肉松轻轻一咬就会化渣，很松软。其次，经水洗后肉松的确为白色絮状，可以点燃，但燃烧时散发出肉烧焦的臭味，与棉花有本质区别。棉花成分为纤维素，小量燃烧应无臭味。

60. 吃葵花籽致癌吗？

舆情表征

　　葵花籽致癌的消息，每隔一段时间就会在各类社交媒体上闹腾一回，甚至有说法称，葵花籽是致癌物之首。得出以上结论的依据往往是向日葵生长速度很快，容易吸收土壤中的重金属，如铅、镍、镉等。对于土壤而言，种植向日葵能够减轻重金属污染，是一种绝佳的绿化植物。但对于人类而言，摄入富含重金属的植物后其在体内不断蓄积则足以致病，甚至致命。认为葵花籽致癌的另外一个原因是说其含油量高，且这些油脂大多属于不饱和脂肪酸，进食过多不但会消耗体内的胆碱，使体内脂肪代谢失调，脂肪积聚在肝脏，影响肝细胞的正常功能，造成肝功能障碍，还可能引起结缔组织增生，甚至诱发肝组织坏死或肝硬化。

问题实质

　　"葵花籽致癌"是谣言。向日葵生长迅速不是"葵花籽致癌"的理由。葵花籽容易造成肝功能障碍，甚至诱发肝组织坏死或肝硬化的说法没有科学根据。相反，葵花籽中富含食用纤维，可降低结肠癌的发病率，其不饱和脂肪酸有调节血脂、免疫力等功效。

❀ 科学真相

❖　葵花籽致癌或引发肝硬化没有科学依据。迄今没有相关研究证实葵花籽中所含任何成分有直接致癌的作用。虽然向日葵生长速度很快，容易吸收土壤中的重金属，如铅、镍、镉等，但并不意味着葵花籽中重金属含量就高。从目前的研究结果来看，向日葵并不是最容易吸收重金属的植物。如果土壤本身已被重金属污染，不只是生长在其上的向日葵不能吃了，任何生长在其上的植物都会"带毒"。反之，如果没有污染问题，又符合国家标准，葵花籽是可以愉快地食用的。至于认为葵花籽含油量高，容易造成肝功能障碍，甚至诱发肝组织坏死或肝硬化，科学研究表明，这一说法同样没有科学根据。科学家确实进行过实验，但实验结果仅仅说明了富含不饱和脂肪酸的油（葵花籽油）不适合用于煎炸而已！如果不连续煎炸食物，生成的有害物质其实并不多。摄入过多的不饱和脂肪酸的确是不健康的饮食方式，但是过多摄入任何一种营养物质都是不健康的，只有合理烹调、平衡饮食才有利于健康。

❖　葵花籽营养丰富。葵花籽含有大量人体需要的营养成分，如不饱和脂肪酸、维生素和微量元素等。此外，葵花籽中含有的食用纤维比苹果高很多。美国国家癌症研究所研究证明，葵花籽中富含的食用纤维可降低结肠癌的发病率，其不饱和脂肪酸有调节血脂、清理血栓、提高免疫力等功效。有文献报道，葵花籽中的一些成分具有抗肿瘤、抗炎症、抗衰老、抗心绞痛和降压等药理作用。

附件 1

国务院食品安全办等 10 部门
关于加强食品安全谣言防控和治理工作的通知

食安办〔2017〕23 号

当前我国食品安全总体状况稳定向好，社会共治氛围日益浓厚。但由于食品安全的敏感性，传播媒介的多样性，舆论环境的复杂性，围绕食品安全的各类谣言时有发生，引发社会公众担忧和恐慌，影响了产业健康发展和公共安全。为坚持正确舆论导向，净化网络空间，营造科学健康的消费环境，现就加强食品安全谣言防控和治理工作通知如下：

一、主动公开政务信息

各级食品安全监管部门（指农业、卫生计生、质检、食品药品监管等部门，下同）应当严格执行"公开为常态、不公开为例外"的要求，采取多种方式，及时公开准确、完整的食品安全监管信息，挤压谣言流传的空间。新闻媒体、网站要以食品安全监管权威信息为依据，及时准确客观做好涉食品安全的新闻报道和舆论引导。要大力开展食品安全科学知识普及，加强食品安全法律法规宣传，提高从业人员专业水平和质量安全管理能力。

二、加强动态监测

凡没有事实根据或者缺乏科学依据的食品质量安全信息均可判定为食品安全谣言。对于这类谣言，各级食品安全监管部门要及时识别、抓取和整理，采取截图、截屏、保存视频和链接地址等方式留存证据，追踪信源，对谣言制造者及时依法组织查处。

三、及时组织辟谣

谣言涉及的当事企业是辟谣的第一责任主体。对谣言明确指向具体企业的，食品安全监管部门要责成相关企业发声澄清；指向多个企业或者没有具体指向的，要组织研判，采取措施制止谣言传播，并采取适当方式澄清真相。要加强食品谣言的规律、特点分析，建立谣言案例库，对类似谣言、季节性谣言，提高识别、判定的工作效率。

四、落实媒体抵制谣言的主体责任

新闻媒体、网站及微博、微信等自媒体要切实履行主体责任，加强涉食品安全新闻的内容和导向管理，积极营造抵制食品谣言的社会舆论环境。网站要加大自查自纠力度，实行全方位全流程把关，凡经权威部门认定的食品谣言，一经发现，应立即采取删除、屏蔽、断开链接等必要措施。微博、微信等自媒体要及时清查发布食品谣言信息的相关平台账号，对违规内容和评论一律不予通过，对严重违规的账号要严肃查处。

五、积极稳妥开展舆论监督

新闻媒体、网站在加强食品安全正面宣传的同时，对相关违法企业和违法行为要开展依法、科学、建设性舆论监督，有力促进解决食品安全存在问题。开展舆论监督要注意把握平衡，要核实新闻信息，防止片面、虚假报道；对造成社会恐慌的不实报道，要严肃追究责任。

六、加强食品安全信息发布管理

任何组织和个人未经授权不得发布国家食品安全总体情况、食品安全风险警示信息，不得发布、转载不具备我国法定资质条件的检验机构出具的食品检验报告，以及据此开展的各类评价、测评等信息。各级食品安全监管部门发现违法违规发布食品安全信息，应会同有关部门依法严肃查处，并向社会公告。

七、严惩谣言制造者

各级网信、通信主管部门要督促网络运营者加强用户发布信息的管理，严格执行网络安全法、互联网新闻信息服务管理规定，及时采取警示、停止传输、关闭账号等处置措施，严惩食品安全谣言的传播者。各地公安机关接到食品安全谣言报案后，应当依照刑法、治安管理处罚法、食品安全法等法律法规，严厉惩处谣言制造者和传播者。涉嫌犯罪的，依法立案调查；构成违反治安管理行为的，依法给予治安管理处罚。各级食品安全监管部门要配合公安机关，做好谣言涉及的技术判定、检验检测等工作。要指导受到谣言侵害的食品生产经营者收集、保存谣言侵权证据，依法追究谣言侵权方的行政责任、民事责任、刑事责任。

八、建立部门间协调机制

各相关部门要明确本部门食品谣言治理工作牵头机构，指定联络员，报本级人民政府食品安全办公室。各级食品安全办要建立谣言治理会商机制，及时商讨、协调谣言处置措施。

国务院食品安全办　中央宣传部

工业和信息化部　公安部

农业部　国家卫生计生委

质检总局　新闻出版广电总局

食品药品监管总局　国家互联网信息办公室

2017 年 7 月 14 日

附件 2

最高人民法院、最高人民检察院
关于办理利用信息网络实施诽谤等刑事案件
适用法律若干问题的解释

法释〔2013〕21 号

（2013 年 9 月 5 日最高人民法院审判委员会第 1589 次会议、2013 年 9 月 2 日最高人民检察院第十二届检察委员会第 9 次会议通过　2013 年 9 月 9 日公布　自 2013 年 9 月 10 日起施行）

为保护公民、法人和其他组织的合法权益，维护社会秩序，根据《中华人民共和国刑法》《全国人民代表大会常务委员会关于维护互联网安全的决定》等规定，对办理利用信息网络实施诽谤、寻衅滋事、敲诈勒索、非法经营等刑事案件适用法律的若干问题解释如下：

第一条　具有下列情形之一的，应当认定为刑法第二百四十六条第一款规定的"捏造事实诽谤他人"：

（一）捏造损害他人名誉的事实，在信息网络上散布，或者组织、指使人员在信息网络上散布的；

（二）将信息网络上涉及他人的原始信息内容篡改为损害他人名誉的事实，在信息网络上散布，或者组织、指使人员在信息网络上散布的；

明知是捏造的损害他人名誉的事实，在信息网络上散布，情节恶劣的，以"捏造事实诽谤他人"论。

第二条 利用信息网络诽谤他人，具有下列情形之一的，应当认定为刑法第二百四十六条第一款规定的"情节严重"：

（一）同一诽谤信息实际被点击、浏览次数达到五千次以上，或者被转发次数达到五百次以上的；

（二）造成被害人或者其近亲属精神失常、自残、自杀等严重后果的；

（三）二年内曾因诽谤受过行政处罚，又诽谤他人的；

（四）其他情节严重的情形。

第三条 利用信息网络诽谤他人，具有下列情形之一的，应当认定为刑法第二百四十六条第二款规定的"严重危害社会秩序和国家利益"：

（一）引发群体性事件的；

（二）引发公共秩序混乱的；

（三）引发民族、宗教冲突的；

（四）诽谤多人，造成恶劣社会影响的；

（五）损害国家形象，严重危害国家利益的；

（六）造成恶劣国际影响的；

（七）其他严重危害社会秩序和国家利益的情形。

第四条 一年内多次实施利用信息网络诽谤他人行为未经处理，诽谤信息实际被点击、浏览、转发次数累计计算构成犯罪的，应当依法定罪处罚。

  第五条 利用信息网络辱骂、恐吓他人，情节恶劣，破坏社会秩序的，依照刑法第二百九十三条第一款第（二）项的规定，以寻衅滋事罪定罪处罚。

  编造虚假信息，或者明知是编造的虚假信息，在信息网络上散布，或者组织、指使人员在信息网络上散布，起哄闹事，造成公共秩序严重混乱的，依照刑法第二百九十三条第一款第（四）项的规定，以寻衅滋事罪定罪处罚。

  第六条 以在信息网络上发布、删除等方式处理网络信息为由，威胁、要挟他人，索取公私财物，数额较大，或者多次实施上述行为的，依照刑法第二百七十四条的规定，以敲诈勒索罪定罪处罚。

  第七条 违反国家规定，以营利为目的，通过信息网络有偿提供删除信息服务，或者明知是虚假信息，通过信息网络有偿提供发布信息等服务，扰乱市场秩序，具有下列情形之一的，属于非法经营行为"情节严重"，依照刑法第二百二十五条第（四）项的规定，以非法经营罪定罪处罚：

  （一）个人非法经营数额在五万元以上，或者违法所得数额在二万元以上的；

  （二）单位非法经营数额在十五万元以上，或者违法所得数额在五万元以上的。

  实施前款规定的行为，数额达到前款规定的数额五倍以上的，应当认定为刑法第二百二十五条规定的"情节特别严重"。

  第八条 明知他人利用信息网络实施诽谤、寻衅滋事、敲诈勒索、非法经营等犯罪，为其提供资金、场所、技术支持等帮助的，以共同犯罪论处。

第九条 利用信息网络实施诽谤、寻衅滋事、敲诈勒索、非法经营犯罪，同时又构成刑法第二百二十一条规定的损害商业信誉、商品声誉罪，第二百七十八条规定的煽动暴力抗拒法律实施罪，第二百九十一条之一规定的编造、故意传播虚假恐怖信息罪等犯罪的，依照处罚较重的规定定罪处罚。

第十条 本解释所称信息网络，包括以计算机、电视机、固定电话机、移动电话机等电子设备为终端的计算机互联网、广播电视网、固定通信网、移动通信网等信息网络，以及向公众开放的局域网络。

附件 3

中华人民共和国农产品质量安全法

（2006 年 4 月 29 日第十届全国人民代表大会常务委员会第二十一次会议通过）

第一章　总　则

第一条　为保障农产品质量安全，维护公众健康，促进农业和农村经济发展，制定本法。

第二条　本法所称农产品，是指来源于农业的初级产品，即在农业活动中获得的植物、动物、微生物及其产品。

本法所称农产品质量安全，是指农产品质量符合保障人的健康、安全的要求。

第三条　县级以上人民政府农业行政主管部门负责农产品质量安全的监督管理工作；县级以上人民政府有关部门按照职责分工，负责农产品质量安全的有关工作。

第四条　县级以上人民政府应当将农产品质量安全管理

工作纳入本级国民经济和社会发展规划，并安排农产品质量安全经费，用于开展农产品质量安全工作。

第五条 县级以上地方人民政府统一领导、协调本行政区域内的农产品质量安全工作，并采取措施，建立健全农产品质量安全服务体系，提高农产品质量安全水平。

第六条 国务院农业行政主管部门应当设立由有关方面专家组成的农产品质量安全风险评估专家委员会，对可能影响农产品质量安全的潜在危害进行风险分析和评估。

国务院农业行政主管部门应当根据农产品质量安全风险评估结果采取相应的管理措施，并将农产品质量安全风险评估结果及时通报国务院有关部门。

第七条 国务院农业行政主管部门和省、自治区、直辖市人民政府农业行政主管部门应当按照职责权限，发布有关农产品质量安全状况信息。

第八条 国家引导、推广农产品标准化生产，鼓励和支持生产优质农产品，禁止生产、销售不符合国家规定的农产品质量安全标准的农产品。

第九条 国家支持农产品质量安全科学技术研究，推行科学的质量安全管理方法，推广先进安全的生产技术。

第十条 各级人民政府及有关部门应当加强农产品质量安全知识的宣传，提高公众的农产品质量安全意识，引导农产品生产者、销售者加强质量安全管理，保障农产品消费安全。

第二章　农产品质量安全标准

第十一条 国家建立健全农产品质量安全标准体系。农产品质量安全标准是强制性的技术规范。

农产品质量安全标准的制定和发布，依照有关法律、行政法规的规定执行。

第十二条 制定农产品质量安全标准应当充分考虑农产品质量安全风险评估结果，并听取农产品生产者、销售者和消费者的意见，保障消费安全。

第十三条 农产品质量安全标准应当根据科学技术发展水平以及农产品质量安全的需要，及时修订。

第十四条 农产品质量安全标准由农业行政主管部门商有关部门组织实施。

第三章　农产品产地

第十五条 县级以上地方人民政府农业行政主管部门按照保障农产品质量安全的要求，根据农产品品种特性和生产区域大气、土壤、水体中有毒有害物质状况等因素，认为不适宜特定农产品生产的，提出禁止生产的区域，报本级人民政府批准后公布。具体办法由国务院农业行政主管部门商国务院环境保护行政主管部门制定。

农产品禁止生产区域的调整，依照前款规定的程序办理。

第十六条 县级以上人民政府应当采取措施，加强农产品基地建设，改善农产品的生产条件。

县级以上人民政府农业行政主管部门应当采取措施，推进保障农产品质量安全的标准化生产综合示范区、示范农场、养殖小区和无规定动植物疫病区的建设。

第十七条 禁止在有毒有害物质超过规定标准的区域生产、捕捞、采集食用农产品和建立农产品生产基地。

第十八条 禁止违反法律、法规的规定向农产品产地排放或者倾倒废水、废气、固体废物或者其他有毒有害物质。

　　农业生产用水和用作肥料的固体废物，应当符合国家规定的标准。

　　第十九条　农产品生产者应当合理使用化肥、农药、兽药、农用薄膜等化工产品，防止对农产品产地造成污染。

第四章　农产品生产

　　第二十条　国务院农业行政主管部门和省、自治区、直辖市人民政府农业行政主管部门应当制定保障农产品质量安全的生产技术要求和操作规程。县级以上人民政府农业行政主管部门应当加强对农产品生产的指导。

　　第二十一条　对可能影响农产品质量安全的农药、兽药、饲料和饲料添加剂、肥料、兽医器械，依照有关法律、行政法规的规定实行许可制度。

　　国务院农业行政主管部门和省、自治区、直辖市人民政府农业行政主管部门应当定期对可能危及农产品质量安全的农药、兽药、饲料和饲料添加剂、肥料等农业投入品进行监督抽查，并公布抽查结果。

　　第二十二条　县级以上人民政府农业行政主管部门应当加强对农业投入品使用的管理和指导，建立健全农业投入品的安全使用制度。

　　第二十三条　农业科研教育机构和农业技术推广机构应当加强对农产品生产者质量安全知识和技能的培训。

　　第二十四条　农产品生产企业和农民专业合作经济组织应当建立农产品生产记录，如实记载下列事项：

　　（一）使用农业投入品的名称、来源、用法、用量和使用、停用的日期；

（二）动物疫病、植物病虫草害的发生和防治情况；

（三）收获、屠宰或者捕捞的日期。

农产品生产记录应当保存二年。禁止伪造农产品生产记录。

国家鼓励其他农产品生产者建立农产品生产记录。

第二十五条　农产品生产者应当按照法律、行政法规和国务院农业行政主管部门的规定，合理使用农业投入品，严格执行农业投入品使用安全间隔期或者休药期的规定，防止危及农产品质量安全。

禁止在农产品生产过程中使用国家明令禁止使用的农业投入品。

第二十六条　农产品生产企业和农民专业合作经济组织，应当自行或者委托检测机构对农产品质量安全状况进行检测；经检测不符合农产品质量安全标准的农产品，不得销售。

第二十七条　农民专业合作经济组织和农产品行业协会对其成员应当及时提供生产技术服务，建立农产品质量安全管理制度，健全农产品质量安全控制体系，加强自律管理。

第五章　农产品包装和标识

第二十八条　农产品生产企业、农民专业合作经济组织以及从事农产品收购的单位或者个人销售的农产品，按照规定应当包装或者附加标识的，须经包装或者附加标识后方可销售。包装物或者标识上应当按照规定标明产品的品名、产地、生产者、生产日期、保质期、产品质量等级等内容；使用添加剂的，还应当按照规定标明添加剂的名称。具体办法由国务院农业行政主管部门制定。

第二十九条 农产品在包装、保鲜、贮存、运输中所使用的保鲜剂、防腐剂、添加剂等材料，应当符合国家有关强制性的技术规范。

第三十条 属于农业转基因生物的农产品，应当按照农业转基因生物安全管理的有关规定进行标识。

第三十一条 依法需要实施检疫的动植物及其产品，应当附具检疫合格标志、检疫合格证明。

第三十二条 销售的农产品必须符合农产品质量安全标准，生产者可以申请使用无公害农产品标志。农产品质量符合国家规定的有关优质农产品标准的，生产者可以申请使用相应的农产品质量标志。

禁止冒用前款规定的农产品质量标志。

第六章 监督检查

第三十三条 有下列情形之一的农产品，不得销售：

（一）含有国家禁止使用的农药、兽药或者其他化学物质的；

（二）农药、兽药等化学物质残留或者含有的重金属等有毒有害物质不符合农产品质量安全标准的；

（三）含有的致病性寄生虫、微生物或者生物毒素不符合农产品质量安全标准的；

（四）使用的保鲜剂、防腐剂、添加剂等材料不符合国家有关强制性的技术规范的；

（五）其他不符合农产品质量安全标准的。

第三十四条 国家建立农产品质量安全监测制度。县级以上人民政府农业行政主管部门应当按照保障农产品质量安全的要求，制定并组织实施农产品质量安全监测计划，对生产中或者市场上销售的农产品进行监督抽查。监督抽查结果由国务院农业行政主管部门或者省、自治区、直辖市人民政府农业行政主管部门按照权限予以公布。

监督抽查检测应当委托符合本法第三十五条规定条件的农产品质量安全检测机构进行，不得向被抽查人收取费用，抽取的样品不得超过国务院农业行政主管部门规定的数量。上级农业行政主管部门监督抽查的农产品，下级农业行政主管部门不得另行重复抽查。

第三十五条 农产品质量安全检测应当充分利用现有的符合条件的检测机构。

从事农产品质量安全检测的机构，必须具备相应的检测条件和能力，由省级以上人民政府农业行政主管部门或者其授权的部门考核合格。具体办法由国务院农业行政主管部门制定。

农产品质量安全检测机构应当依法经计量认证合格。

第三十六条 农产品生产者、销售者对监督抽查检测结果有异议的，可以自收到检测结果之日起五日内，向组织实施农产品质量安全监督抽查的农业行政主管部门或者其上级农业行政主管部门申请复检。

采用国务院农业行政主管部门会同有关部门认定的快速检测方法进行农产品质量安全监督抽查检测，被抽查人对检测结果有异议的，可以自收到检测结果时起四小时内申请复检。复检不得采用快速检测方法。

因检测结果错误给当事人造成损害的，依法承担赔偿责任。

第三十七条　农产品批发市场应当设立或者委托农产品质量安全检测机构，对进场销售的农产品质量安全状况进行抽查检测；发现不符合农产品质量安全标准的，应当要求销售者立即停止销售，并向农业行政主管部门报告。

农产品销售企业对其销售的农产品，应当建立健全进货检查验收制度；经查验不符合农产品质量安全标准的，不得销售。

第三十八条　国家鼓励单位和个人对农产品质量安全进行社会监督。任何单位和个人都有权对违反本法的行为进行检举、揭发和控告。有关部门收到相关的检举、揭发和控告后，应当及时处理。

第三十九条　县级以上人民政府农业行政主管部门在农产品质量安全监督检查中，可以对生产、销售的农产品进行现场检查，调查了解农产品质量安全的有关情况，查阅、复制与农产品质量安全有关的记录和其他资料；对经检测不符合农产品质量安全标准的农产品，有权查封、扣押。

第四十条　发生农产品质量安全事故时，有关单位和个人应当采取控制措施，及时向所在地乡级人民政府和县级人民政府农业行政主管部门报告；收到报告的机关应当及时处理并报上一级人民政府和有关部门。发生重大农产品质量安全事故时，农业行政主管部门应当及时通报同级食品药品监督管理部门。

第四十一条　县级以上人民政府农业行政主管部门在农产品质量安全监督管理中，发现有本法第三十三条所列情形之一的农产品，应当按照农产品质量安全责任追究制度的要求，查明责任人，依法予以处理或者提出处理建议。

第四十二条　进口的农产品必须按照国家规定的农产品质量安全标准进行检验；尚未制定有关农产品质量安全标准的，应当依法及时制定，未制定之前，可以参照国家有关部门指定的国外有关标准进行检验。

第七章　法律责任

第四十三条　农产品质量安全监督管理人员不依法履行监督职责，或者滥用职权的，依法给予行政处分。

第四十四条　农产品质量安全检测机构伪造检测结果的，责令改正，没收违法所得，并处五万元以上十万元以下罚款，对直接负责的主管人员和其他直接责任人员处一万元以上五万元以下罚款；情节严重的，撤销其检测资格；造成损害的，依法承担赔偿责任。

农产品质量安全检测机构出具检测结果不实，造成损害的，依法承担赔偿责任；造成重大损害的，并撤销其检测资格。

第四十五条　违反法律、法规规定，向农产品产地排放或者倾倒废水、废气、固体废物或者其他有毒有害物质的，依照有关环境保护法律、法规的规定处罚；造成损害的，依法承担赔偿责任。

第四十六条　使用农业投入品违反法律、行政法规和国务院农业行政主管部门的规定的，依照有关法律、行政法规的规定处罚。

第四十七条　农产品生产企业、农民专业合作经济组织未建立或者未按照规定保存农产品生产记录的，或者伪造农产品生产记录的，责令限期改正；逾期不改正的，可以处二千元以下罚款。

第四十八条 违反本法第二十八条规定，销售的农产品未按照规定进行包装、标识的，责令限期改正；逾期不改正的，可以处二千元以下罚款。

第四十九条 有本法第三十三条第四项规定情形，使用的保鲜剂、防腐剂、添加剂等材料不符合国家有关强制性的技术规范的，责令停止销售，对被污染的农产品进行无害化处理，对不能进行无害化处理的予以监督销毁；没收违法所得，并处二千元以上二万元以下罚款。

第五十条 农产品生产企业、农民专业合作经济组织销售的农产品有本法第三十三条第一项至第三项或者第五项所列情形之一的，责令停止销售，追回已经销售的农产品，对违法销售的农产品进行无害化处理或者予以监督销毁；没收违法所得，并处二千元以上二万元以下罚款。

农产品销售企业销售的农产品有前款所列情形的，依照前款规定处理、处罚。

农产品批发市场中销售的农产品有第一款所列情形的，对违法销售的农产品依照第一款规定处理，对农产品销售者依照第一款规定处罚。

农产品批发市场违反本法第三十七条第一款规定的，责令改正，处二千元以上二万元以下罚款。

第五十一条 违反本法第三十二条规定，冒用农产品质量标志的，责令改正，没收违法所得，并处二千元以上二万元以下罚款。

第五十二条 本法第四十四条、第四十七条至第四十九条、第五十条第一款、第四款和第五十一条规定的处理、处罚，由县级以上人民政府农业行政主管部门决定；第五十条第二款、第三款规定的处理、处罚，由工商行政管理部门决定。

法律对行政处罚及处罚机关有其他规定的，从其规定。但是，对同一违法行为不得重复处罚。

第五十三条 违反本法规定，构成犯罪的，依法追究刑事责任。

第五十四条 生产、销售本法第三十三条所列农产品，给消费者造成损害的，依法承担赔偿责任。

农产品批发市场中销售的农产品有前款规定情形的，消费者可以向农产品批发市场要求赔偿；属于生产者、销售者责任的，农产品批发市场有权追偿。消费者也可以直接向农产品生产者、销售者要求赔偿。

第八章　附　　则

第五十五条 生猪屠宰的管理按照国家有关规定执行。

第五十六条 本法自 2006 年 11 月 1 日起施行。

附件 4

农药管理条例

（1997 年 5 月 8 日中华人民共和国国务院令第 216 号发布
根据 2001 年 11 月 29 日《国务院关于修改〈农药管理条例〉的决定》修订
2017 年 2 月 8 日国务院第 164 次常务会议修订通过）

第一章　总则

第一条　为了加强农药管理，保证农药质量，保障农产品质量安全和人畜安全，保护农业、林业生产和生态环境，制定本条例。

第二条　本条例所称农药，是指用于预防、控制危害农业、林业的病、虫、草、鼠和其他有害生物以及有目的地调节植物、昆虫生长的化学合成或者来源于生物、其他天然物质的一种物质或者几种物质的混合物及其制剂。

前款规定的农药包括用于不同目的、场所的下列各类：

（一）预防、控制危害农业、林业的病、虫（包括昆虫、蜱、螨）、草、鼠、软体动物和其他有害生物；

（二）预防、控制仓储以及加工场所的病、虫、鼠和其他有害生物；

（三）调节植物、昆虫生长；

（四）农业、林业产品防腐或者保鲜；

（五）预防、控制蚊、蝇、蜚蠊、鼠和其他有害生物；

（六）预防、控制危害河流堤坝、铁路、码头、机场、建筑物和其他场所的有害生物。

第三条 国务院农业主管部门负责全国的农药监督管理工作。

县级以上地方人民政府农业主管部门负责本行政区域的农药监督管理工作。

县级以上人民政府其他有关部门在各自职责范围内负责有关的农药监督管理工作。

第四条 县级以上地方人民政府应当加强对农药监督管理工作的组织领导，将农药监督管理经费列入本级政府预算，保障农药监督管理工作的开展。

第五条 农药生产企业、农药经营者应当对其生产、经营的农药的安全性、有效性负责，自觉接受政府监管和社会监督。

农药生产企业、农药经营者应当加强行业自律，规范生产、经营行为。

第六条 国家鼓励和支持研制、生产、使用安全、高效、经济的农药，推进农药专业化使用，促进农药产业升级。

对在农药研制、推广和监督管理等工作中作出突出贡献的单位和个人，按照国家有关规定予以表彰或者奖励。

第二章　农药登记

第七条　国家实行农药登记制度。农药生产企业、向中国出口农药的企业应当依照本条例的规定申请农药登记，新农药研制者可以依照本条例的规定申请农药登记。

国务院农业主管部门所属的负责农药检定工作的机构负责农药登记具体工作。省、自治区、直辖市人民政府农业主管部门所属的负责农药检定工作的机构协助做好本行政区域的农药登记具体工作。

第八条　国务院农业主管部门组织成立农药登记评审委员会，负责农药登记评审。

农药登记评审委员会由下列人员组成：

（一）国务院农业、林业、卫生、环境保护、粮食、工业行业管理、安全生产监督管理等有关部门和供销合作总社等单位推荐的农药产品化学、药效、毒理、残留、环境、质量标准和检测等方面的专家；

（二）国家食品安全风险评估专家委员会的有关专家；

（三）国务院农业、林业、卫生、环境保护、粮食、工业行业管理、安全生产监督管理等有关部门和供销合作总社等单位的代表。

农药登记评审规则由国务院农业主管部门制定。

第九条　申请农药登记的，应当进行登记试验。

农药的登记试验应当报所在地省、自治区、直辖市人民政府农业主管部门备案。

新农药的登记试验应当向国务院农业主管部门提出申请。国务院农业主管部门应当自受理申请之日起40个工作日内对试验的安全风险及其防范措施进行审查，符合条件的，准予登记试验；不符合条件的，书面通知申请人并说明理由。

第十条 登记试验应当由国务院农业主管部门认定的登记试验单位按照国务院农业主管部门的规定进行。

与已取得中国农药登记的农药组成成分、使用范围和使用方法相同的农药，免予残留、环境试验，但已取得中国农药登记的农药依照本条例第十五条的规定在登记资料保护期内的，应当经农药登记证持有人授权同意。

登记试验单位应当对登记试验报告的真实性负责。

第十一条 登记试验结束后，申请人应当向所在地省、自治区、直辖市人民政府农业主管部门提出农药登记申请，并提交登记试验报告、标签样张和农药产品质量标准及其检验方法等申请资料；申请新农药登记的，还应当提供农药标准品。

省、自治区、直辖市人民政府农业主管部门应当自受理申请之日起 20 个工作日内提出初审意见，并报送国务院农业主管部门。

向中国出口农药的企业申请农药登记的，应当持本条第一款规定的资料、农药标准品以及在有关国家（地区）登记、使用的证明材料，向国务院农业主管部门提出申请。

第十二条 国务院农业主管部门受理申请或者收到省、自治区、直辖市人民政府农业主管部门报送的申请资料后，应当组织审查和登记评审，并自收到评审意见之日起 20 个工作日内作出审批决定，符合条件的，核发农药登记证；不符合条件的，书面通知申请人并说明理由。

第十三条 农药登记证应当载明农药名称、剂型、有效成分及其含量、毒性、使用范围、使用方法和剂量、登记证持有人、登记证号以及有效期等事项。

农药登记证有效期为 5 年。有效期届满，需要继续生产农药或者向中国出口农药的，农药登记证持有人应当在有效期届满 90 日前向国务院农业主管部门申请延续。

农药登记证载明事项发生变化的，农药登记证持有人应当按照国务院农业主管部门的规定申请变更农药登记证。

国务院农业主管部门应当及时公告农药登记证核发、延续、变更情况以及有关的农药产品质量标准号、残留限量规定、检验方法、经核准的标签等信息。

第十四条 新农药研制者可以转让其已取得登记的新农药的登记资料；农药生产企业可以向具有相应生产能力的农药生产企业转让其已取得登记的农药的登记资料。

第十五条 国家对取得首次登记的、含有新化合物的农药的申请人提交的其自己所取得且未披露的试验数据和其他数据实施保护。

自登记之日起 6 年内，对其他申请人未经已取得登记的申请人同意，使用前款规定的数据申请农药登记的，登记机关不予登记；但是，其他申请人提交其自己所取得的数据的除外。

除下列情况外，登记机关不得披露本条第一款规定的数据：

（一）公共利益需要；

（二）已采取措施确保该类信息不会被不正当地进行商业使用。

第三章　农药生产

第十六条 农药生产应当符合国家产业政策。国家鼓励和支持农药生产企业采用先进技术和先进管理规范，提高农药的安全性、有效性。

第十七条 国家实行农药生产许可制度。农药生产企业应当具备下列条件，并按照国务院农业主管部门的规定向省、自治区、直辖市人民政府农业主管部门申请农药生产许可证：

（一）有与所申请生产农药相适应的技术人员；

（二）有与所申请生产农药相适应的厂房、设施；

（三）有对所申请生产农药进行质量管理和质量检验的人员、仪器和设备；

（四）有保证所申请生产农药质量的规章制度。

省、自治区、直辖市人民政府农业主管部门应当自受理申请之日起 20 个工作日内作出审批决定，必要时应当进行实地核查。符合条件的，核发农药生产许可证；不符合条件的，书面通知申请人并说明理由。

安全生产、环境保护等法律、行政法规对企业生产条件有其他规定的，农药生产企业还应当遵守其规定。

第十八条 农药生产许可证应当载明农药生产企业名称、住所、法定代表人（负责人）、生产范围、生产地址以及有效期等事项。

农药生产许可证有效期为 5 年。有效期届满，需要继续生产农药的，农药生产企业应当在有效期届满 90 日前向省、自治区、直辖市人民政府农业主管部门申请延续。

农药生产许可证载明事项发生变化的，农药生产企业应当按照国务院农业主管部门的规定申请变更农药生产许可证。

第十九条 委托加工、分装农药的，委托人应当取得相应的农药登记证，受托人应当取得农药生产许可证。

委托人应当对委托加工、分装的农药质量负责。

第二十条 农药生产企业采购原材料，应当查验产品质量检验合格证和有关许可证明文件，不得采购、使用未依法附具产品质量检验合格证、未依法取得有关许可证明文件的原材料。

农药生产企业应当建立原材料进货记录制度，如实记录原材料的名称、有关许可证明文件编号、规格、数量、供货人名称及其联系方式、进货日期等内容。原材料进货记录应当保存 2 年以上。

第二十一条 农药生产企业应当严格按照产品质量标准进行生产，确保农药产品与登记农药一致。农药出厂销售，应当经质量检验合格并附具产品质量检验合格证。

农药生产企业应当建立农药出厂销售记录制度，如实记录农药的名称、规格、数量、生产日期和批号、产品质量检验信息、购货人名称及其联系方式、销售日期等内容。农药出厂销售记录应当保存 2 年以上。

第二十二条 农药包装应当符合国家有关规定，并印制或者贴有标签。国家鼓励农药生产企业使用可回收的农药包装材料。

农药标签应当按照国务院农业主管部门的规定，以中文标注农药的名称、剂型、有效成分及其含量、毒性及其标识、使用范围、使用方法和剂量、使用技术要求和注意事项、生产日期、可追溯电子信息码等内容。

剧毒、高毒农药以及使用技术要求严格的其他农药等限制使用农药的标签还应当标注"限制使用"字样，并注明使用的特别限制和特殊要求。用于食用农产品的农药的标签还应当标注安全间隔期。

第二十三条 农药生产企业不得擅自改变经核准的农药的标签内容，不得在农药的标签中标注虚假、误导使用者的内容。

农药包装过小，标签不能标注全部内容的，应当同时附具说明书，说明书的内容应当与经核准的标签内容一致。

第四章 农药经营

第二十四条 国家实行农药经营许可制度，但经营卫生用农药的除外。农药经营者应当具备下列条件，并按照国务院农业主管部门的规定向县级以上地方人民政府农业主管部门申请农药经营许可证：

（一）有具备农药和病虫害防治专业知识，熟悉农药管理规定，能够指导安全合理使用农药的经营人员；

（二）有与其他商品以及饮用水水源、生活区域等有效隔离的营业场所和仓储场所，并配备与所申请经营农药相适应的防护设施；

（三）有与所申请经营农药相适应的质量管理、台账记录、安全防护、应急处置、仓储管理等制度。

经营限制使用农药的，还应当配备相应的用药指导和病虫害防治专业技术人员，并按照所在地省、自治区、直辖市人民政府农业主管部门的规定实行定点经营。

县级以上地方人民政府农业主管部门应当自受理申请之日起 20 个工作日内作出审批决定。符合条件的，核发农药经营许可证；不符合条件的，书面通知申请人并说明理由。

第二十五条 农药经营许可证应当载明农药经营者名称、

住所、负责人、经营范围以及有效期等事项。

农药经营许可证有效期为 5 年。有效期届满，需要继续经营农药的，农药经营者应当在有效期届满 90 日前向发证机关申请延续。

农药经营许可证载明事项发生变化的，农药经营者应当按照国务院农业主管部门的规定申请变更农药经营许可证。

取得农药经营许可证的农药经营者设立分支机构的，应当依法申请变更农药经营许可证，并向分支机构所在地县级以上地方人民政府农业主管部门备案，其分支机构免予办理农药经营许可证。农药经营者应当对其分支机构的经营活动负责。

第二十六条 农药经营者采购农药应当查验产品包装、标签、产品质量检验合格证以及有关许可证明文件，不得向未取得农药生产许可证的农药生产企业或者未取得农药经营许可证的其他农药经营者采购农药。

农药经营者应当建立采购台账，如实记录农药的名称、有关许可证明文件编号、规格、数量、生产企业和供货人名称及其联系方式、进货日期等内容。采购台账应当保存 2 年以上。

第二十七条 农药经营者应当建立销售台账，如实记录销售农药的名称、规格、数量、生产企业、购买人、销售日期等内容。销售台账应当保存 2 年以上。

农药经营者应当向购买人询问病虫害发生情况并科学推荐农药，必要时应当实地查看病虫害发生情况，并正确说明农药的使用范围、使用方法和剂量、使用技术要求和注意事项，不得误导购买人。

经营卫生用农药的，不适用本条第一款、第二款的规定。

第二十八条　农药经营者不得加工、分装农药，不得在农药中添加任何物质，不得采购、销售包装和标签不符合规定，未附具产品质量检验合格证，未取得有关许可证明文件的农药。

经营卫生用农药的，应当将卫生用农药与其他商品分柜销售；经营其他农药的，不得在农药经营场所内经营食品、食用农产品、饲料等。

第二十九条　境外企业不得直接在中国销售农药。境外企业在中国销售农药的，应当依法在中国设立销售机构或者委托符合条件的中国代理机构销售。

向中国出口的农药应当附具中文标签、说明书，符合产品质量标准，并经出入境检验检疫部门依法检验合格。禁止进口未取得农药登记证的农药。

办理农药进出口海关申报手续，应当按照海关总署的规定出示相关证明文件。

第五章　农药使用

第三十条　县级以上人民政府农业主管部门应当加强农药使用指导、服务工作，建立健全农药安全、合理使用制度，并按照预防为主、综合防治的要求，组织推广农药科学使用技术，规范农药使用行为。林业、粮食、卫生等部门应当加强对林业、储粮、卫生用农药安全、合理使用的技术指导，环境保护主管部门应当加强对农药使用过程中环境保护和污染防治的技术指导。

第三十一条　县级人民政府农业主管部门应当组织植物保护、农业技术推广等机构向农药使用者提供免费技术培训，提高农药安全、合理使用水平。

国家鼓励农业科研单位、有关学校、农民专业合作社、供销合作社、农业社会化服务组织和专业人员为农药使用者提供技术服务。

第三十二条 国家通过推广生物防治、物理防治、先进施药器械等措施,逐步减少农药使用量。

县级人民政府应当制定并组织实施本行政区域的农药减量计划;对实施农药减量计划、自愿减少农药使用量的农药使用者,给予鼓励和扶持。

县级人民政府农业主管部门应当鼓励和扶持设立专业化病虫害防治服务组织,并对专业化病虫害防治和限制使用农药的配药、用药进行指导、规范和管理,提高病虫害防治水平。

县级人民政府农业主管部门应当指导农药使用者有计划地轮换使用农药,减缓危害农业、林业的病、虫、草、鼠和其他有害生物的抗药性。

乡、镇人民政府应当协助开展农药使用指导、服务工作。

第三十三条 农药使用者应当遵守国家有关农药安全、合理使用制度,妥善保管农药,并在配药、用药过程中采取必要的防护措施,避免发生农药使用事故。

限制使用农药的经营者应当为农药使用者提供用药指导,并逐步提供统一用药服务。

第三十四条 农药使用者应当严格按照农药的标签标注的使用范围、使用方法和剂量、使用技术要求和注意事项使用农药,不得扩大使用范围、加大用药剂量或者改变使用方法。

农药使用者不得使用禁用的农药。

标签标注安全间隔期的农药,在农产品收获前应当按照安全间隔期的要求停止使用。

剧毒、高毒农药不得用于防治卫生害虫，不得用于蔬菜、瓜果、茶叶、菌类、中草药材的生产，不得用于水生植物的病虫害防治。

第三十五条 农药使用者应当保护环境，保护有益生物和珍稀物种，不得在饮用水水源保护区、河道内丢弃农药、农药包装物或者清洗施药器械。

严禁在饮用水水源保护区内使用农药，严禁使用农药毒鱼、虾、鸟、兽等。

第三十六条 农产品生产企业、食品和食用农产品仓储企业、专业化病虫害防治服务组织和从事农产品生产的农民专业合作社等应当建立农药使用记录，如实记录使用农药的时间、地点、对象以及农药名称、用量、生产企业等。农药使用记录应当保存 2 年以上。

国家鼓励其他农药使用者建立农药使用记录。

第三十七条 国家鼓励农药使用者妥善收集农药包装物等废弃物；农药生产企业、农药经营者应当回收农药废弃物，防止农药污染环境和农药中毒事故的发生。具体办法由国务院环境保护主管部门会同国务院农业主管部门、国务院财政部门等部门制定。

第三十八条 发生农药使用事故，农药使用者、农药生产企业、农药经营者和其他有关人员应当及时报告当地农业主管部门。

接到报告的农业主管部门应当立即采取措施，防止事故扩大，同时通知有关部门采取相应措施。造成农药中毒事故的，由农业主管部门和公安机关依照职责权限组织调查处理，卫生主管部门应当按照国家有关规定立即对受到伤害的人员组织医疗救治；造成环境污染事故的，由环境保护等有关部门依法组织调查处理；造成储粮药剂使用事故和农作物药害事故的，分别由粮食、农业等部门组织技术鉴定和调查处理。

第三十九条　因防治突发重大病虫害等紧急需要，国务院农业主管部门可以决定临时生产、使用规定数量的未取得登记或者禁用、限制使用的农药，必要时应当会同国务院对外贸易主管部门决定临时限制出口或者临时进口规定数量、品种的农药。

前款规定的农药，应当在使用地县级人民政府农业主管部门的监督和指导下使用。

第六章　监督管理

第四十条　县级以上人民政府农业主管部门应当定期调查统计农药生产、销售、使用情况，并及时通报本级人民政府有关部门。

县级以上地方人民政府农业主管部门应当建立农药生产、经营诚信档案并予以公布；发现违法生产、经营农药的行为涉嫌犯罪的，应当依法移送公安机关查处。

第四十一条　县级以上人民政府农业主管部门履行农药监督管理职责，可以依法采取下列措施：

（一）进入农药生产、经营、使用场所实施现场检查；

（二）对生产、经营、使用的农药实施抽查检测；

（三）向有关人员调查了解有关情况；

（四）查阅、复制合同、票据、账簿以及其他有关资料；

（五）查封、扣押违法生产、经营、使用的农药，以及用于违法生产、经营、使用农药的工具、设备、原材料等；

（六）查封违法生产、经营、使用农药的场所。

第四十二条 国家建立农药召回制度。农药生产企业发现其生产的农药对农业、林业、人畜安全、农产品质量安全、生态环境等有严重危害或者较大风险的，应当立即停止生产，通知有关经营者和使用者，向所在地农业主管部门报告，主动召回产品，并记录通知和召回情况。

农药经营者发现其经营的农药有前款规定的情形的，应当立即停止销售，通知有关生产企业、供货人和购买人，向所在地农业主管部门报告，并记录停止销售和通知情况。

农药使用者发现其使用的农药有本条第一款规定的情形的，应当立即停止使用，通知经营者，并向所在地农业主管部门报告。

第四十三条 国务院农业主管部门和省、自治区、直辖市人民政府农业主管部门应当组织负责农药检定工作的机构、植物保护机构对已登记农药的安全性和有效性进行监测。

发现已登记农药对农业、林业、人畜安全、农产品质量安全、生态环境等有严重危害或者较大风险的，国务院农业主管部门应当组织农药登记评审委员会进行评审，根据评审结果撤销、变更相应的农药登记证，必要时应当决定禁用或者限制使用并予以公告。

第四十四条 有下列情形之一的，认定为假农药：

（一）以非农药冒充农药；

（二）以此种农药冒充他种农药；

（三）农药所含有效成分种类与农药的标签、说明书标注的有效成分不符。

禁用的农药，未依法取得农药登记证而生产、进口的农药，以及未附具标签的农药，按照假农药处理。

第四十五条 有下列情形之一的，认定为劣质农药：

（一）不符合农药产品质量标准；

（二）混有导致药害等有害成分。

超过农药质量保证期的农药，按照劣质农药处理。

第四十六条 假农药、劣质农药和回收的农药废弃物等应当交由具有危险废物经营资质的单位集中处置，处置费用由相应的农药生产企业、农药经营者承担；农药生产企业、农药经营者不明确的，处置费用由所在地县级人民政府财政列支。

第四十七条 禁止伪造、变造、转让、出租、出借农药登记证、农药生产许可证、农药经营许可证等许可证明文件。

第四十八条 县级以上人民政府农业主管部门及其工作人员和负责农药检定工作的机构及其工作人员，不得参与农药生产、经营活动。

第七章 法律责任

第四十九条 县级以上人民政府农业主管部门及其工作人员有下列行为之一的，由本级人民政府责令改正；对负有责任的领导人员和直接责任人员，依法给予处分；负有责任的领导人员和直接责任人员构成犯罪的，依法追究刑事责任：

（一）不履行监督管理职责，所辖行政区域的违法农药生产、经营活动造成重大损失或者恶劣社会影响；

（二）对不符合条件的申请人准予许可或者对符合条件的申请人拒不准予许可；

（三）参与农药生产、经营活动；

（四）有其他徇私舞弊、滥用职权、玩忽职守行为。

第五十条　农药登记评审委员会组成人员在农药登记评审中谋取不正当利益的，由国务院农业主管部门从农药登记评审委员会除名；属于国家工作人员的，依法给予处分；构成犯罪的，依法追究刑事责任。

第五十一条　登记试验单位出具虚假登记试验报告的，由省、自治区、直辖市人民政府农业主管部门没收违法所得，并处 5 万元以上 10 万元以下罚款；由国务院农业主管部门从登记试验单位中除名，5 年内不再受理其登记试验单位认定申请；构成犯罪的，依法追究刑事责任。

第五十二条　未取得农药生产许可证生产农药或者生产假农药的，由县级以上地方人民政府农业主管部门责令停止生产，没收违法所得、违法生产的产品和用于违法生产的工具、设备、原材料等，违法生产的产品货值金额不足 1 万元的，并处 5 万元以上 10 万元以下罚款，货值金额 1 万元以上的，并处货值金额 10 倍以上 20 倍以下罚款，由发证机关吊销农药生产许可证和相应的农药登记证；构成犯罪的，依法追究刑事责任。

取得农药生产许可证的农药生产企业不再符合规定条件继续生产农药的，由县级以上地方人民政府农业主管部门责令限期整改；逾期拒不整改或者整改后仍不符合规定条件的，由发证机关吊销农药生产许可证。

农药生产企业生产劣质农药的，由县级以上地方人民政府农业主管部门责令停止生产，没收违法所得、违法生产的产品和用于违法生产的工具、设备、原材料等，违法生产的产品货值金额不足 1 万元的，并处 1 万元以上 5 万元以下罚款，货值金额 1 万元以上的，并处货值金额 5 倍以上 10 倍以下罚款；情节严重的，由发证机关吊销农药生产许可证和相应的农药登记证；构成犯罪的，依法追究刑事责任。

委托未取得农药生产许可证的受托人加工、分装农药，或者委托加工、分装假农药、劣质农药的，对委托人和受托人均依照本条第一款、第三款的规定处罚。

第五十三条 农药生产企业有下列行为之一的，由县级以上地方人民政府农业主管部门责令改正，没收违法所得、违法生产的产品和用于违法生产的原材料等，违法生产的产品货值金额不足 1 万元的，并处 1 万元以上 2 万元以下罚款，货值金额 1 万元以上的，并处货值金额 2 倍以上 5 倍以下罚款；拒不改正或者情节严重的，由发证机关吊销农药生产许可证和相应的农药登记证：

（一）采购、使用未依法附具产品质量检验合格证、未依法取得有关许可证明文件的原材料；

（二）出厂销售未经质量检验合格并附具产品质量检验合格证的农药；

（三）生产的农药包装、标签、说明书不符合规定；

（四）不召回依法应当召回的农药。

第五十四条 农药生产企业不执行原材料进货、农药出厂销售记录制度，或者不履行农药废弃物回收义务的，由县级以上地方人民政府农业主管部门责令改正，处 1 万元以上 5 万元以下罚款；拒不改正或者情节严重的，由发证机关吊销农药生产许可证和相应的农药登记证。

第五十五条 农药经营者有下列行为之一的，由县级以上地方人民政府农业主管部门责令停止经营，没收违法所得、违法经营的农药和用于违法经营的工具、设备等，违法经营的农药货值金额不足 1 万元的，并处 5000 元以上 5 万元以下罚款，货值金额 1 万元以上的，并处货值金额 5 倍以上 10 倍以下罚款；构成犯罪的，依法追究刑事责任：

（一）违反本条例规定，未取得农药经营许可证经营农药；

（二）经营假农药；

（三）在农药中添加物质。

有前款第二项、第三项规定的行为，情节严重的，还应当由发证机关吊销农药经营许可证。

取得农药经营许可证的农药经营者不再符合规定条件继续经营农药的，由县级以上地方人民政府农业主管部门责令限期整改；逾期拒不整改或者整改后仍不符合规定条件的，由发证机关吊销农药经营许可证。

第五十六条 农药经营者经营劣质农药的，由县级以上地方人民政府农业主管部门责令停止经营，没收违法所得、违法经营的农药和用于违法经营的工具、设备等，违法经营的农药货值金额不足 1 万元的，并处 2000 元以上 2 万元以下罚款，货值金额 1 万元以上的，并处货值金额 2 倍以上 5 倍以下罚款；情节严重的，由发证机关吊销农药经营许可证；构成犯罪的，依法追究刑事责任。

第五十七条 农药经营者有下列行为之一的，由县级以上地方人民政府农业主管部门责令改正，没收违法所得和违法经营的农药，并处 5000 元以上 5 万元以下罚款；拒不改正或者情节严重的，由发证机关吊销农药经营许可证：

（一）设立分支机构未依法变更农药经营许可证，或者未向分支机构所在地县级以上地方人民政府农业主管部门备案；

（二）向未取得农药生产许可证的农药生产企业或者未取得农药经营许可证的其他农药经营者采购农药；

（三）采购、销售未附具产品质量检验合格证或者包装、标签不符合规定的农药；

（四）不停止销售依法应当召回的农药。

第五十八条 农药经营者有下列行为之一的，由县级以上地方人民政府农业主管部门责令改正；拒不改正或者情节严重的，处 2000 元以上 2 万元以下罚款，并由发证机关吊销农药经营许可证：

（一）不执行农药采购台账、销售台账制度；

（二）在卫生用农药以外的农药经营场所内经营食品、食用农产品、饲料等；

（三）未将卫生用农药与其他商品分柜销售；

（四）不履行农药废弃物回收义务。

第五十九条 境外企业直接在中国销售农药的，由县级以上地方人民政府农业主管部门责令停止销售，没收违法所得、违法经营的农药和用于违法经营的工具、设备等，违法经营的农药货值金额不足 5 万元的，并处 5 万元以上 50 万元以下罚款，货值金额 5 万元以上的，并处货值金额 10 倍以上 20 倍以下罚款，由发证机关吊销农药登记证。

取得农药登记证的境外企业向中国出口劣质农药情节严重或者出口假农药的，由国务院农业主管部门吊销相应的农药登记证。

第六十条 农药使用者有下列行为之一的，由县级人民政府农业主管部门责令改正，农药使用者为农产品生产企业、食品和食用农产品仓储企业、专业化病虫害防治服务组织和从事农产品生产的农民专业合作社等单位的，处 5 万元以上 10 万元以下罚款，农药使用者为个人的，处 1 万元以下罚款；构成犯罪的，依法追究刑事责任：

（一）不按照农药的标签标注的使用范围、使用方法和剂量、使用技术要求和注意事项、安全间隔期使用农药；

（二）使用禁用的农药；

（三）将剧毒、高毒农药用于防治卫生害虫，用于蔬菜、瓜果、茶叶、菌类、中草药材生产或者用于水生植物的病虫害防治；

（四）在饮用水水源保护区内使用农药；

（五）使用农药毒鱼、虾、鸟、兽等；

（六）在饮用水水源保护区、河道内丢弃农药、农药包装物或者清洗施药器械。

有前款第二项规定的行为的，县级人民政府农业主管部门还应当没收禁用的农药。

第六十一条 农产品生产企业、食品和食用农产品仓储企业、专业化病虫害防治服务组织和从事农产品生产的农民专业合作社等不执行农药使用记录制度的，由县级人民政府农业主管部门责令改正；拒不改正或者情节严重的，处 2000 元以上 2 万元以下罚款。

第六十二条 伪造、变造、转让、出租、出借农药登记证、农药生产许可证、农药经营许可证等许可证明文件的，由发证机关收缴或者予以吊销，没收违法所得，并处 1 万元以上 5 万元以下罚款；构成犯罪的，依法追究刑事责任。

第六十三条 未取得农药生产许可证生产农药，未取得农药经营许可证经营农药，或者被吊销农药登记证、农药生产许可证、农药经营许可证的，其直接负责的主管人员10年内不得从事农药生产、经营活动。

农药生产企业、农药经营者招用前款规定的人员从事农药生产、经营活动的，由发证机关吊销农药生产许可证、农药经营许可证。

被吊销农药登记证的，国务院农业主管部门5年内不再受理其农药登记申请。

第六十四条 生产、经营的农药造成农药使用者人身、财产损害的，农药使用者可以向农药生产企业要求赔偿，也可以向农药经营者要求赔偿。属于农药生产企业责任的，农药经营者赔偿后有权向农药生产企业追偿；属于农药经营者责任的，农药生产企业赔偿后有权向农药经营者追偿。

第八章 附则

第六十五条 申请农药登记的，申请人应当按照自愿有偿的原则，与登记试验单位协商确定登记试验费用。

第六十六条 本条例自2017年6月1日起施行。

附件 5

兽药管理条例

（2004 年 4 月 9 日中华人民共和国国务院令第 404 号发布）

第一章　总则

第一条　为了加强兽药管理，保证兽药质量，防治动物疾病，促进养殖业的发展，维护人体健康，制定本条例。

第二条　在中华人民共和国境内从事兽药的研制、生产、经营、进出口、使用和监督管理，应当遵守本条例。

第三条　国务院兽医行政管理部门负责全国的兽药监督管理工作。

县级以上地方人民政府兽医行政管理部门负责本行政区域内的兽药监督管理工作。

第四条　国家实行兽用处方药和非处方药分类管理制度。兽用处方药和非处方药分类管理的办法和具体实施步骤，由国务院兽医行政管理部门规定。

第五条　国家实行兽药储备制度。

发生重大动物疫情、灾情或者其他突发事件时，国务院兽医行政管理部门可以紧急调用国家储备的兽药；必要时，也可以调用国家储备以外的兽药。

第二章　新兽药研制

第六条　国家鼓励研制新兽药，依法保护研制者的合法权益。

第七条　研制新兽药，应当具有与研制相适应的场所、仪器设备、专业技术人员、安全管理规范和措施。

研制新兽药，应当进行安全性评价。从事兽药安全性评价的单位，应当经国务院兽医行政管理部门认定，并遵守兽药非临床研究质量管理规范和兽药临床试验质量管理规范。

第八条　研制新兽药，应当在临床试验前向省、自治区、直辖市人民政府兽医行政管理部门提出申请，并附具该新兽药实验室阶段安全性评价报告及其他临床前研究资料；省、自治区、直辖市人民政府兽医行政管理部门应当自收到申请之日起60个工作日内将审查结果书面通知申请人。

研制的新兽药属于生物制品的，应当在临床试验前向国务院兽医行政管理部门提出申请，国务院兽医行政管理部门应当自收到申请之日起60个工作日内将审查结果书面通知申请人。

研制新兽药需要使用一类病原微生物的，还应当具备国务院兽医行政管理部门规定的条件，并在实验室阶段前报国务院兽医行政管理部门批准。

第九条　临床试验完成后，新兽药研制者向国务院兽医行政管理部门提出新兽药注册申请时，应当提交该新兽药的样品和下列资料：

（一）名称、主要成分、理化性质；

（二）研制方法、生产工艺、质量标准和检测方法；

（三）药理和毒理试验结果、临床试验报告和稳定性试验报告；

（四）环境影响报告和污染防治措施。

研制的新兽药属于生物制品的，还应当提供菌（毒、虫）种、细胞等有关材料和资料。菌（毒、虫）种、细胞由国务院兽医行政管理部门指定的机构保藏。

研制用于食用动物的新兽药，还应当按照国务院兽医行政管理部门的规定进行兽药残留试验并提供休药期、最高残留限量标准、残留检测方法及其制定依据等资料。

国务院兽医行政管理部门应当自收到申请之日起 10 个工作日内，将决定受理的新兽药资料送其设立的兽药评审机构进行评审，将新兽药样品送其指定的检验机构复核检验，并自收到评审和复核检验结论之日起 60 个工作日内完成审查。审查合格的，发给新兽药注册证书，并发布该兽药的质量标准；不合格的，应当书面通知申请人。

第十条 国家对依法获得注册的、含有新化合物的兽药的申请人提交的其自己所取得且未披露的试验数据和其他数据实施保护。

自注册之日起 6 年内，对其他申请人未经已获得注册兽药的申请人同意，使用前款规定的数据申请兽药注册的，兽药注册机关不予注册；但是，其他申请人提交其自己所取得的数据的除外。

除下列情况外，兽药注册机关不得披露本条第一款规定的数据：

（一）公共利益需要；

（二）已采取措施确保该类信息不会被不正当地进行商业使用。

第三章　兽药生产

第十一条　设立兽药生产企业，应当符合国家兽药行业发展规划和产业政策，并具备下列条件：

（一）与所生产的兽药相适应的兽医学、药学或者相关专业的技术人员；

（二）与所生产的兽药相适应的厂房、设施；

（三）与所生产的兽药相适应的兽药质量管理和质量检验的机构、人员、仪器设备；

（四）符合安全、卫生要求的生产环境；

（五）兽药生产质量管理规范规定的其他生产条件。

符合前款规定条件的，申请人方可向省、自治区、直辖市人民政府兽医行政管理部门提出申请，并附具符合前款规定条件的证明材料；省、自治区、直辖市人民政府兽医行政管理部门应当自收到申请之日起 20 个工作日内，将审核意见和有关材料报送国务院兽医行政管理部门。

国务院兽医行政管理部门，应当自收到审核意见和有关材料之日起 40 个工作日内完成审查。经审查合格的，发给兽药生产许可证；不合格的，应当书面通知申请人。申请人凭兽药生产许可证办理工商登记手续。

第十二条 兽药生产许可证应当载明生产范围、生产地点、有效期和法定代表人姓名、住址等事项。

兽药生产许可证有效期为 5 年。有效期届满，需要继续生产兽药的，应当在许可证有效期届满前 6 个月到原发证机关申请换发兽药生产许可证。

第十三条 兽药生产企业变更生产范围、生产地点的，应当依照本条例第十一条的规定申请换发兽药生产许可证，申请人凭换发的兽药生产许可证办理工商变更登记手续；变更企业名称、法定代表人的，应当在办理工商变更登记手续后 15 个工作日内，到原发证机关申请换发兽药生产许可证。

第十四条 兽药生产企业应当按照国务院兽医行政管理部门制定的兽药生产质量管理规范组织生产。

国务院兽医行政管理部门，应当对兽药生产企业是否符合兽药生产质量管理规范的要求进行监督检查，并公布检查结果。

第十五条 兽药生产企业生产兽药，应当取得国务院兽医行政管理部门核发的产品批准文号，产品批准文号的有效期为 5 年。兽药产品批准文号的核发办法由国务院兽医行政管理部门制定。

第十六条 兽药生产企业应当按照兽药国家标准和国务院兽医行政管理部门批准的生产工艺进行生产。兽药生产企业改变影响兽药质量的生产工艺的，应当报原批准部门审核批准。

兽药生产企业应当建立生产记录，生产记录应当完整、准确。

第十七条 生产兽药所需的原料、辅料，应当符合国家标准或者所生产兽药的质量要求。

直接接触兽药的包装材料和容器应当符合药用要求。

第十八条 兽药出厂前应当经过质量检验，不符合质量标准的不得出厂。

兽药出厂应当附有产品质量合格证。

禁止生产假、劣兽药。

第十九条 兽药生产企业生产的每批兽用生物制品，在出厂前应当由国务院兽医行政管理部门指定的检验机构审查核对，并在必要时进行抽查检验；未经审查核对或者抽查检验不合格的，不得销售。

强制免疫所需兽用生物制品，由国务院兽医行政管理部门指定的企业生产。

第二十条 兽药包装应当按照规定印有或者贴有标签，附具说明书，并在显著位置注明"兽用"字样。

兽药的标签和说明书经国务院兽医行政管理部门批准并公布后，方可使用。

兽药的标签或者说明书，应当以中文注明兽药的通用名称、成分及其含量、规格、生产企业、产品批准文号（进口兽药注册证号）、产品批号、生产日期、有效期、适应症或者功能主治、用法、用量、休药期、禁忌、不良反应、注意事项、运输贮存保管条件及其他应当说明的内容。有商品名称的，还应当注明商品名称。

除前款规定的内容外，兽用处方药的标签或者说明书还应当印有国务院兽医行政管理部门规定的警示内容，其中兽用麻醉药品、精神药品、毒性药品和放射性药品还应当印有国务院兽医行政管理部门规定的特殊标志；兽用非处方药的标签或者说明书还应当印有国务院兽医行政管理部门规定的非处方药标志。

第二十一条 国务院兽医行政管理部门，根据保证动物产品质量安全和人体健康的需要，可以对新兽药设立不超过 5 年的监测期；在监测期内，不得批准其他企业生产或者进口该新兽药。生产企业应当在监测期内收集该新兽药的疗效、不良反应等资料，并及时报送国务院兽医行政管理部门。

第四章　兽药经营

第二十二条 经营兽药的企业，应当具备下列条件：

（一）与所经营的兽药相适应的兽药技术人员；

（二）与所经营的兽药相适应的营业场所、设备、仓库设施；

（三）与所经营的兽药相适应的质量管理机构或者人员；

（四）兽药经营质量管理规范规定的其他经营条件。

符合前款规定条件的，申请人方可向市、县人民政府兽医行政管理部门提出申请，并附具符合前款规定条件的证明材料；经营兽用生物制品的，应当向省、自治区、直辖市人民政府兽医行政管理部门提出申请，并附具符合前款规定条件的证明材料。

县级以上地方人民政府兽医行政管理部门，应当自收到申请之日起 30 个工作日内完成审查。审查合格的，发给兽药经营许可证；不合格的，应当书面通知申请人。申请人凭兽药经营许可证办理工商登记手续。

第二十三条 兽药经营许可证应当载明经营范围、经营地点、有效期和法定代表人姓名、住址等事项。

兽药经营许可证有效期为 5 年。有效期届满，需要继续经营兽药的，应当在许可证有效期届满前 6 个月到原发证机关申请换发兽药经营许可证。

第二十四条 兽药经营企业变更经营范围、经营地点的，应当依照本条例第二十二条的规定申请换发兽药经营许可证，申请人凭换发的兽药经营许可证办理工商变更登记手续；变更企业名称、法定代表人的，应当在办理工商变更登记手续后 15 个工作日内，到原发证机关申请换发兽药经营许可证。

第二十五条 兽药经营企业，应当遵守国务院兽医行政管理部门制定的兽药经营质量管理规范。

县级以上地方人民政府兽医行政管理部门，应当对兽药经营企业是否符合兽药经营质量管理规范的要求进行监督检查，并公布检查结果。

第二十六条 兽药经营企业购进兽药，应当将兽药产品与产品标签或者说明书、产品质量合格证核对无误。

第二十七条 兽药经营企业，应当向购买者说明兽药的功能主治、用法、用量和注意事项。销售兽用处方药的，应当遵守兽用处方药管理办法。

兽药经营企业销售兽用中药材的，应当注明产地。

禁止兽药经营企业经营人用药品和假、劣兽药。

第二十八条 兽药经营企业购销兽药，应当建立购销记录。购销记录应当载明兽药的商品名称、通用名称、剂型、规格、批号、有效期、生产厂商、购销单位、购销数量、购销日期和国务院兽医行政管理部门规定的其他事项。

第二十九条 兽药经营企业，应当建立兽药保管制度，采取必要的冷藏、防冻、防潮、防虫、防鼠等措施，保持所经营兽药的质量。

兽药入库、出库，应当执行检查验收制度，并有准确记录。

第三十条 强制免疫所需兽用生物制品的经营，应当符合国务院兽医行政管理部门的规定。

第三十一条 兽药广告的内容应当与兽药说明书内容相一致，在全国重点媒体发布兽药广告的，应当经国务院兽医行政管理部门审查批准，取得兽药广告审查批准文号。在地方媒体发布兽药广告的，应当经省、自治区、直辖市人民政府兽医行政管理部门审查批准，取得兽药广告审查批准文号；未经批准的，不得发布。

第五章　兽药进出口

第三十二条 首次向中国出口的兽药，由出口方驻中国境内的办事机构或者其委托的中国境内代理机构向国务院兽医行政管理部门申请注册，并提交下列资料和物品：

（一）生产企业所在国家（地区）兽药管理部门批准生产、销售的证明文件；

（二）生产企业所在国家（地区）兽药管理部门颁发的符合兽药生产质量管理规范的证明文件；

（三）兽药的制造方法、生产工艺、质量标准、检测方法、药理和毒理试验结果、临床试验报告、稳定性试验报告及其他相关资料；用于食用动物的兽药的休药期、最高残留限量标准、残留检测方法及其制定依据等资料；

（四）兽药的标签和说明书样本；

（五）兽药的样品、对照品、标准品；

（六）环境影响报告和污染防治措施；

（七）涉及兽药安全性的其他资料。

申请向中国出口兽用生物制品的，还应当提供菌（毒、虫）种、细胞等有关材料和资料。

第三十三条 国务院兽医行政管理部门，应当自收到申请之日起 10 个工作日内组织初步审查。经初步审查合格的，应当将决定受理的兽药资料送其设立的兽药评审机构进行评审，将该兽药样品送其指定的检验机构复核检验，并自收到评审和复核检验结论之日起 60 个工作日内完成审查。经审查合格的，发给进口兽药注册证书，并发布该兽药的质量标准；不合格的，应当书面通知申请人。

在审查过程中，国务院兽医行政管理部门可以对向中国出口兽药的企业是否符合兽药生产质量管理规范的要求进行考查，并有权要求该企业在国务院兽医行政管理部门指定的机构进行该兽药的安全性和有效性试验。

国内急需兽药、少量科研用兽药或者注册兽药的样品、对照品、标准品的进口，按照国务院兽医行政管理部门的规定办理。

第三十四条 进口兽药注册证书的有效期为 5 年。有效期届满，需要继续向中国出口兽药的，应当在有效期届满前 6 个月到原发证机关申请再注册。

第三十五条 境外企业不得在中国直接销售兽药。境外企业在中国销售兽药，应当依法在中国境内设立销售机构或者委托符合条件的中国境内代理机构。

进口在中国已取得进口兽药注册证书的兽用生物制品的，中国境内代理机构应当向国务院兽医行政管理部门申请允许进口兽用生物制品证明文件，凭允许进口兽用生物制品证明文件到口岸所在地人民政府兽医行政管理部门办理进口兽药通关单；进口在中国已取得进口兽药注册证书的其他兽药的，凭进口兽药注册证书到口岸所在地人民政府兽医行政管理部门办理进口兽药通关单。海关凭进口兽药通关单放行。兽药进口管理办法由国务院兽医行政管理部门会同海关总署制定。

兽用生物制品进口后，应当依照本条例第十九条的规定进行审查核对和抽查检验。其他兽药进口后，由当地兽医行政管理部门通知兽药检验机构进行抽查检验。

第三十六条　禁止进口下列兽药：

（一）药效不确定、不良反应大以及可能对养殖业、人体健康造成危害或者存在潜在风险的；

（二）来自疫区可能造成疫病在中国境内传播的兽用生物制品；

（三）经考查生产条件不符合规定的；

（四）国务院兽医行政管理部门禁止生产、经营和使用的。

第三十七条　向中国境外出口兽药，进口方要求提供兽药出口证明文件的，国务院兽医行政管理部门或者企业所在地的省、自治区、直辖市人民政府兽医行政管理部门可以出具出口兽药证明文件。

国内防疫急需的疫苗，国务院兽医行政管理部门可以限制或者禁止出口。

第六章　兽药使用

第三十八条　兽药使用单位，应当遵守国务院兽医行政管理部门制定的兽药安全使用规定，并建立用药记录。

第三十九条 禁止使用假、劣兽药以及国务院兽医行政管理部门规定禁止使用的药品和其他化合物。禁止使用的药品和其他化合物目录由国务院兽医行政管理部门制定公布。

第四十条 有休药期规定的兽药用于食用动物时，饲养者应当向购买者或者屠宰者提供准确、真实的用药记录；购买者或者屠宰者应当确保动物及其产品在用药期、休药期内不被用于食品消费。

第四十一条 国务院兽医行政管理部门，负责制定公布在饲料中允许添加的药物饲料添加剂品种目录。

禁止在饲料和动物饮用水中添加激素类药品和国务院兽医行政管理部门规定的其他禁用药品。

经批准可以在饲料中添加的兽药，应当由兽药生产企业制成药物饲料添加剂后方可添加。禁止将原料药直接添加到饲料及动物饮用水中或者直接饲喂动物。

禁止将人用药品用于动物。

第四十二条 国务院兽医行政管理部门，应当制定并组织实施国家动物及动物产品兽药残留监控计划。

县级以上人民政府兽医行政管理部门，负责组织对动物产品中兽药残留量的检测。兽药残留检测结果，由国务院兽医行政管理部门或者省、自治区、直辖市人民政府兽医行政管理部门按照权限予以公布。

动物产品的生产者、销售者对检测结果有异议的，可以自收到检测结果之日起 7 个工作日内向组织实施兽药残留检测的兽医行政管理部门或者其上级兽医行政管理部门提出申请，由受理申请的兽医行政管理部门指定检验机构进行复检。

兽药残留限量标准和残留检测方法，由国务院兽医行政管理部门制定发布。

第四十三条 禁止销售含有违禁药物或者兽药残留量超过标准的食用动物产品。

第七章　兽药监督管理

第四十四条 县级以上人民政府兽医行政管理部门行使兽药监督管理权。

兽药检验工作由国务院兽医行政管理部门和省、自治区、直辖市人民政府兽医行政管理部门设立的兽药检验机构承担。国务院兽医行政管理部门，可以根据需要认定其他检验机构承担兽药检验工作。

当事人对兽药检验结果有异议的，可以自收到检验结果之日起 7 个工作日内向实施检验的机构或者上级兽医行政管理部门设立的检验机构申请复检。

第四十五条 兽药应当符合兽药国家标准。

国家兽药典委员会拟定的、国务院兽医行政管理部门发布的《中华人民共和国兽药典》和国务院兽医行政管理部门发布的其他兽药质量标准为兽药国家标准。

兽药国家标准的标准品和对照品的标定工作由国务院兽医行政管理部门设立的兽药检验机构负责。

第四十六条 兽医行政管理部门依法进行监督检查时，对有证据证明可能是假、劣兽药的，应当采取查封、扣押的行政强制措施，并自采取行政强制措施之日起 7 个工作日内作出是否立案的决定；需要检验的，应当自检验报告书发出之日起 15 个工作日内作出是否立案的决定；不符合立案条件的，应当解除行政强制措施；需要暂停生产、经营和使用的，由国务院兽医行政管理部门或者省、自治区、直辖市人民政府兽医行政管理部门按照权限作出决定。

未经行政强制措施决定机关或者其上级机关批准，不得擅自转移、使用、销毁、销售被查封或者扣押的兽药及有关材料。

第四十七条 有下列情形之一的，为假兽药：

（一）以非兽药冒充兽药或者以他种兽药冒充此种兽药的；

（二）兽药所含成分的种类、名称与兽药国家标准不符合的。

有下列情形之一的，按照假兽药处理：

（一）国务院兽医行政管理部门规定禁止使用的；

（二）依照本条例规定应当经审查批准而未经审查批准即生产、进口的，或者依照本条例规定应当经抽查检验、审查核对而未经抽查检验、审查核对即销售、进口的；

（三）变质的；

（四）被污染的；

（五）所标明的适应症或者功能主治超出规定范围的。

第四十八条 有下列情形之一的，为劣兽药：

（一）成分含量不符合兽药国家标准或者不标明有效成分的；

（二）不标明或者更改有效期或者超过有效期的；

（三）不标明或者更改产品批号的；

（四）其他不符合兽药国家标准，但不属于假兽药的。

第四十九条 禁止将兽用原料药拆零销售或者销售给兽

药生产企业以外的单位和个人。

禁止未经兽医开具处方销售、购买、使用国务院兽医行政管理部门规定实行处方药管理的兽药。

第五十条 国家实行兽药不良反应报告制度。

兽药生产企业、经营企业、兽药使用单位和开具处方的兽医人员发现可能与兽药使用有关的严重不良反应，应当立即向所在地人民政府兽医行政管理部门报告。

第五十一条 兽药生产企业、经营企业停止生产、经营超过 6 个月或者关闭的，由原发证机关责令其交回兽药生产许可证、兽药经营许可证，并由工商行政管理部门变更或者注销其工商登记。

第五十二条 禁止买卖、出租、出借兽药生产许可证、兽药经营许可证和兽药批准证明文件。

第五十三条 兽药评审检验的收费项目和标准，由国务院财政部门会同国务院价格主管部门制定，并予以公告。

第五十四条 各级兽医行政管理部门、兽药检验机构及其工作人员，不得参与兽药生产、经营活动，不得以其名义推荐或者监制、监销兽药。

第八章　法律责任

第五十五条 兽医行政管理部门及其工作人员利用职务上的便利收取他人财物或者谋取其他利益，对不符合法定条件的单位和个人核发许可证、签署审查同意意见，不履行监督职责，或者发现违法行为不予查处，造成严重后果，构成犯罪的，依法追究刑事责任；尚不构成犯罪的，依法给予行政处分。

第五十六条　违反本条例规定，无兽药生产许可证、兽药经营许可证生产、经营兽药的，或者虽有兽药生产许可证、兽药经营许可证，生产、经营假、劣兽药的，或者兽药经营企业经营人用药品的，责令其停止生产、经营，没收用于违法生产的原料、辅料、包装材料及生产、经营的兽药和违法所得，并处违法生产、经营的兽药（包括已出售的和未出售的兽药，下同）货值金额 2 倍以上 5 倍以下罚款，货值金额无法查证核实的，处 10 万元以上 20 万元以下罚款；无兽药生产许可证生产兽药，情节严重的，没收其生产设备；生产、经营假、劣兽药，情节严重的，吊销兽药生产许可证、兽药经营许可证；构成犯罪的，依法追究刑事责任；给他人造成损失的，依法承担赔偿责任。生产、经营企业的主要负责人和直接负责的主管人员终身不得从事兽药的生产、经营活动。

擅自生产强制免疫所需兽用生物制品的，按照无兽药生产许可证生产兽药处罚。

第五十七条　违反本条例规定，提供虚假的资料、样品或者采取其他欺骗手段取得兽药生产许可证、兽药经营许可证或者兽药批准证明文件的，吊销兽药生产许可证、兽药经营许可证或者撤销兽药批准证明文件，并处 5 万元以上 10 万元以下罚款；给他人造成损失的，依法承担赔偿责任。其主要负责人和直接负责的主管人员终身不得从事兽药的生产、经营和进出口活动。

第五十八条　买卖、出租、出借兽药生产许可证、兽药经营许可证和兽药批准证明文件的，没收违法所得，并处 1 万元以上 10 万元以下罚款；情节严重的，吊销兽药生产许可证、兽药经营许可证或者撤销兽药批准证明文件；构成犯罪的，依法追究刑事责任；给他人造成损失的，依法承担赔偿责任。

第五十九条 违反本条例规定，兽药安全性评价单位、临床试验单位、生产和经营企业未按照规定实施兽药研究试验、生产、经营质量管理规范的，给予警告，责令其限期改正；逾期不改正的，责令停止兽药研究试验、生产、经营活动，并处 5 万元以下罚款；情节严重的，吊销兽药生产许可证、兽药经营许可证；给他人造成损失的，依法承担赔偿责任。

违反本条例规定，研制新兽药不具备规定的条件擅自使用一类病原微生物或者在实验室阶段前未经批准的，责令其停止实验，并处 5 万元以上 10 万元以下罚款；构成犯罪的，依法追究刑事责任；给他人造成损失的，依法承担赔偿责任。

第六十条 违反本条例规定，兽药的标签和说明书未经批准的，责令其限期改正；逾期不改正的，按照生产、经营假兽药处罚；有兽药产品批准文号的，撤销兽药产品批准文号；给他人造成损失的，依法承担赔偿责任。

兽药包装上未附有标签和说明书，或者标签和说明书与批准的内容不一致的，责令其限期改正；情节严重的，依照前款规定处罚。

第六十一条 违反本条例规定，境外企业在中国直接销售兽药的，责令其限期改正，没收直接销售的兽药和违法所得，并处 5 万元以上 10 万元以下罚款；情节严重的，吊销进口兽药注册证书；给他人造成损失的，依法承担赔偿责任。

第六十二条 违反本条例规定，未按照国家有关兽药安全使用规定使用兽药的、未建立用药记录或者记录不完整真实的，或者使用禁止使用的药品和其他化合物的，或者将人用药品用于动物的，责令其立即改正，并对饲喂了违禁药物及其他化合物的动物及其产品进行无害化处理；对违法单位处1万元以上5万元以下罚款；给他人造成损失的，依法承担赔偿责任。

第六十三条 违反本条例规定，销售尚在用药期、休药期内的动物及其产品用于食品消费的，或者销售含有违禁药物和兽药残留超标的动物产品用于食品消费的，责令其对含有违禁药物和兽药残留超标的动物产品进行无害化处理，没收违法所得，并处3万元以上10万元以下罚款；构成犯罪的，依法追究刑事责任；给他人造成损失的，依法承担赔偿责任。

第六十四条 违反本条例规定，擅自转移、使用、销毁、销售被查封或者扣押的兽药及有关材料的，责令其停止违法行为，给予警告，并处5万元以上10万元以下罚款。

第六十五条 违反本条例规定，兽药生产企业、经营企业、兽药使用单位和开具处方的兽医人员发现可能与兽药使用有关的严重不良反应，不向所在地人民政府兽医行政管理部门报告的，给予警告，并处5000元以上1万元以下罚款。

生产企业在新兽药监测期内不收集或者不及时报送该新兽药的疗效、不良反应等资料的，责令其限期改正，并处1万元以上5万元以下罚款；情节严重的，撤销该新兽药的产品批准文号。

第六十六条 违反本条例规定，未经兽医开具处方销售、购买、使用兽用处方药的，责令其限期改正，没收违法所得，并处5万元以下罚款；给他人造成损失的，依法承担赔偿责任。

第六十七条 违反本条例规定，兽药生产、经营企业把原料药销售给兽药生产企业以外的单位和个人的，或者兽药经营企业拆零销售原料药的，责令其立即改正，给予警告，没收违法所得，并处 2 万元以上 5 万元以下罚款；情节严重的，吊销兽药生产许可证、兽药经营许可证；给他人造成损失的，依法承担赔偿责任。

第六十八条 违反本条例规定，在饲料和动物饮用水中添加激素类药品和国务院兽医行政管理部门规定的其他禁用药品，依照《饲料和饲料添加剂管理条例》的有关规定处罚；直接将原料药添加到饲料及动物饮用水中，或者饲喂动物的，责令其立即改正，并处 1 万元以上 3 万元以下罚款；给他人造成损失的，依法承担赔偿责任。

第六十九条 有下列情形之一的，撤销兽药的产品批准文号或者吊销进口兽药注册证书：

（一）抽查检验连续 2 次不合格的；

（二）药效不确定、不良反应大以及可能对养殖业、人体健康造成危害或者存在潜在风险的；

（三）国务院兽医行政管理部门禁止生产、经营和使用的兽药。

被撤销产品批准文号或者被吊销进口兽药注册证书的兽药，不得继续生产、进口、经营和使用。已经生产、进口的，由所在地兽医行政管理部门监督销毁，所需费用由违法行为人承担；给他人造成损失的，依法承担赔偿责任。

第七十条 本条例规定的行政处罚由县级以上人民政府兽医行政管理部门决定；其中吊销兽药生产许可证、兽药经营许可证、撤销兽药批准证明文件或者责令停止兽药研究试验的，由原发证、批准部门决定。

上级兽医行政管理部门对下级兽医行政管理部门违反本条例的行政行为，应当责令限期改正；逾期不改正的，有权予以改变或者撤销。

第七十一条 本条例规定的货值金额以违法生产、经营兽药的标价计算；没有标价的，按照同类兽药的市场价格计算。

第九章　附则

第七十二条 本条例下列用语的含义是：

（一）兽药，是指用于预防、治疗、诊断动物疾病或者有目的地调节动物生理机能的物质（含药物饲料添加剂），主要包括：血清制品、疫苗、诊断制品、微生态制品、中药材、中成药、化学药品、抗生素、生化药品、放射性药品及外用杀虫剂、消毒剂等。

（二）兽用处方药，是指凭兽医处方方可购买和使用的兽药。

（三）兽用非处方药，是指由国务院兽医行政管理部门公布的、不需要凭兽医处方就可以自行购买并按照说明书使用的兽药。

（四）兽药生产企业，是指专门生产兽药的企业和兼产兽药的企业，包括从事兽药分装的企业。

（五）兽药经营企业，是指经营兽药的专营企业或者兼营企业。

（六）新兽药，是指未曾在中国境内上市销售的兽用药品。

（七）兽药批准证明文件，是指兽药产品批准文号、进口兽药注册证书、允许进口兽用生物制品证明文件、出口兽药证明文件、新兽药注册证书等文件。

第七十三条　兽用麻醉药品、精神药品、毒性药品和放射性药品等特殊药品，依照国家有关规定管理。

第七十四条　水产养殖中的兽药使用、兽药残留检测和监督管理以及水产养殖过程中违法用药的行政处罚，由县级以上人民政府渔业主管部门及其所属的渔政监督管理机构负责。

第七十五条　本条例自 2004 年 11 月 1 日起施行。

参考文献

北京科技报 . 2014. 流言揭秘：香蕉"艾滋病"能传人？ http://tech.sina.com.cn/d/v/2014-12-22/doc-iavxeafr8937279.shtml [2017-2-20].

蔡梦莹 . 2017. 肉松饼用棉花做馅？评果实测打脸谣言 . http://dz.xdkb.net/html/2017-05/23/content_463763.htm [2017-3-16].

陈紫玄 . 2017. 肉松饼加棉花？谣言！ http://dzb.hxnews.com/2017-05/18/content_446748.htm/[2017-3-16].

成希 . 2013. 湖南万吨镉超标大米流向广东餐桌 . http://news.nfdaily.cn/content/2013-02/27/content_64567599.htm [2017-4-18].

楚超 . 2014. "重金属说"引市场蘑菇滞销 . http://www.bjbusiness.com.cn/site1/bjsb/html/2014-04/15/content_251884. htm?div=0 [2017-2-20].

邓玉，李祥洲，廉亚丽，等 . 2016. 我国食用农产品质量安全网络舆情热点研究 . 中国食物与营养，（3）: 5-9.

冯秋瑜 . 2016. "鱼腥草致癌"说法不慎重　专家辟谣 . http://gzdaily.dayoo.com/html/2016-07/14/content_29_3.htm [2017-2-20].

国家食品安全风险评估中心 . 2014. 食品安全 100 问 . 北京：中国人口出版社 .

国家食品药品监督管理总局 . 2015. 国家食药监总局科学解读"鱼浮灵" . http://news.xinhuanet.com/food/2015-12/14/c_1117447128.htm [2017-5-12].

果壳 guokr.com. 2012. 谣言粉碎机 . 北京：新星出版社 .

郝迎灿，谢振华，段宗宝 . 2014. "猪肉有虫"谣言为何反复出现 . http://paper.people.com.cn/rmrb/html/2014-11/25/nw.D110000renmrb_20141125_7-04.htm [2017-2-20].

胡勤星 . 2011. 农产品质量安全知识读本 . 北京：中国农业科学技术出版社 .

胡笑红 . 2017. 紫菜是塑料做的？行业协会辟谣并报案要追究造谣者法律责任 . http://epaper.jinghua.cn/html/2017-02/22/content_280177.htm [2017-4-18].

姜靖 . 2017. 春茶有农残？基本不打药！ http://digitalpaper.stdaily.com/http_www.kjrb.com/kjrb/html/2017-04/10/content_366828.html [2017-5-18].

李传新 . 2017. 湖南省药监局和食品安全专家提示："面条含胶"是谣言 . http://hunan.voc.com.cn/article/201704/20170411070706289115.html [2017-5-18].

李建平 . 2013. "石墨之都"鸡西无序开采严重　种出黑芯大米 . http://www.chinanews.com/sh/2013/11-18/5511806.shtml [2017-3-15].

李凉 . 2016. 尼日利亚药监局检测结果证实"塑料大米"系不实报道 . http://world.people.com.cn/n1/2016/1230/c1002-28988912.html [2017-5-18].

李祥洲 . 2015. 农产品质量安全舆情监测分析概论 . 北京：中国农业出版社 .

李祥洲，邓玉 . 2015. 食用农产品质量安全问题的国民心态分析——以北京市"草莓农残超标致癌"舆情事件为例 . 中国食物与营养，(6)：5-9.

李祥洲，邓玉，廉亚丽，等 . 2016. 我国食用农产品质量安全舆情隐患分析 . 食品科学技术学报，(2)：76-82.

李祥洲，廉亚丽，戚亚梅，等 . 2014. 农产品质量安全网络舆情风险隐患研究 . 农产品质量与安全，(4)：56-61.

李祥洲，钱永忠，邓玉，等 . 2015. 2014 年农产品质量安全网络舆情特征分析研究 . 农产品质量与安全，(1)：41-47.

李祥洲，钱永忠，邓玉，等 . 2016. 2015—2016 年我国农产品质量安全网络舆情分析及预测 . 农产品质量与安全，(1)：8-14.

李祥洲，钱永忠，邓玉，等 . 2017. 2016 年我国农产品质量安全网络舆情监测与分析 . 科学通报，(11)：1095-1102.

李祥洲，钱永忠，廉亚丽，等 . 2013. 农产品质量安全网络舆情走势监测与分析 . 农产品质量与安全，(1)：47-51.

李祥洲，钱永忠，廉亚丽，等 . 2014. 2013 年农产品质量安全网络舆情发展趋势监测与分析 . 农产品质量与安全，(1)：56-61.

林蔚，赵鹏 . 2017. 谣言没几句　菜农伤元气 . http://paper.people.com.cn/rmrb/html/2017-03/23/nw.D110000renmrb_20170323_5-04.htm [2017-4-18].

刘欢 . 北京市网信办、食药监局、科协辟谣：未发现塑料薄膜造假紫菜 . http://bjrb.bjd.com.cn/html/2017-03/15/content_117535.htm [2017-4-18].

娄奕娟 . 2016. "鱼腥草诱导肾病致肾癌"？专家：不成立 . http://news.xinhuanet.com/food/2016-06/27/c_1119121757.htm [2017-2-20].

马松，毛锦伟 . 2013. 新鲜樱桃"果肉中寄生蛆虫"？ http://newspaper.jfdaily.com/jfrb/html/2013-06/13/content_1041089.htm [2017-3-15].

《农产品质量安全生产消费指南》编委会 . 2014. 农产品质量安全生产消费指南 . 北京：中国农业科学技术出版社 .

农业部农业转基因生物安全管理办公室 . 2011. 农业转基因生物知识 100 问 . 北京：中国农业出版社 .

人民日报 . 2016. "无籽葡萄抹避孕药"纯属无稽之谈 . http://paper.people.com.cn/rmrb/html/2016-09/13/nw.D110000renmrb_20160913_8-04.htm [2017-5-12].

山东省农业厅 . 2012. 山东农业厅回应用药袋套苹果问题 . http://shipin.people.com.cn/GB/18143224.html [2017-4-18].

上海热线 . 2017. 对虾体内有白色寄生虫？咳咳，这种"寄生虫"所有雄虾体内都有 . http://hot.online.sh.cn/content/2017/06/02/content_8480143.htm [2017-3-16].

石磊 . 2013. 草莓"吃"上膨大素，个头猛蹿赛鸭蛋 . http://roll.sohu.com/20130206/n365643789.shtml [2017-4-18].

隋欣，陈舜胜，高佩刚，等 . 2016. 2015 微信传播最广的十大健康谣言 . 晚晴，(2)：120-123.

孙杰 . 2013. 专家集体解读 2012 食品安全热点 . http://shipin.people.com.cn/n/2013/0105/c85914-20099170.html [2017-4-18].

孙乐 . 2014. 网传牛奶喝多了会致癌，会骨质疏松，会得糖尿病？ http://dsb.66wz.

com/html/2014-08/18/content_1691773.htm [2017-2-20].

邰晓安，陈聪，丁小溪 . 2017. 新华视点：18 名涉案者被抓，缺乏常识的"塑料紫菜"谣言为何会蔓延？http://news.xinhuanet.com/2017-06/06/c_1121098159.htm [2017-3-16].

王晗 . 2015. 中国"塑料大米"流入巴西？别轻信传言 . http://www.br-cn.com/home/mainnews/20151222/56595.html [2017-5-18].

吴珊 . 2017. 5 元一斤大米竟是塑料做的？听听食药监总局怎么说 . http://news.ycwb.com/2017-05/09/content_24789062.htm [2017-5-18].

新华网 . 2015. "避孕药黄瓜"是真的吗？专家：纯属谣传 . http://news.xinhuanet.com/food/2015-06/26/c_1115728263.htm [2017-5-12].

新华网 . 2016. 农业部专家辟谣：无籽葡萄与避孕药无关　可放心食用 . http://news.xinhuanet.com/info/2016-09/09/c_135674250.htm?prolongation=1 [2017-5-12].

新华网 . 2017. "耐撕紫菜"塑料造？专家：不太可能 . http://news.xinhuanet.com/2017-02/21/c_1120503514.htm [2017-4-18].

杨彦 . 2017. "大妈"又搞事，放出"大虾有虫"视频　专家说别逗了，那是人家"羞羞的地方" . http://epaper.yzwb.net/html_t/2017-06/08/content_346859.htm [2017-3-16].

杨奕 . 2013. 催熟的赣南脐橙 . http://www.morningpost.com.cn/szb/html/2013-10/25/content_253015.htm [2017-3-15].

赵志升 . 2017. 轻信"面条含胶"凸显食品安全知识缺乏 . http://ldhn.rednet.cn/c/2017/04/10/4261859.htm [2017-5-18].

郑起英 . 2015. 网传空心菜有辐射是毒菜　专家辟谣：可大胆食用 . http://news.fznews.com.cn/fuzhou/20150519/555a91c99a65a.shtml [2017-3-16].

中华人民共和国公安部 . 2013. 公安部指挥浙赣等 21 地警方侦破首例兽药非法添加瘦肉精等违禁物质案 . http://www.mps.gov.cn/n16/n1237/n1342/n803715/3866847.html [2017-3-15].

中华人民共和国农业部 . 2009. 农产品质量安全 100 问 . 北京：中国农业出版社 .

中华人民共和国农业部办公厅 . 2014. 农业部督导组赴南京调查养殖业滥用抗生素问题 . http://www.xinnong.com/zhu/news/1072953.shtml [2017-2-20].

中华人民共和国商务部 . 2015. 商务部外贸司负责人就印尼"塑料大米"事件发表谈话 . http://www.mofcom.gov.cn/article/ae/ag/201505/20150500987657.shtml [2017-5-18].

中央电视（焦点访谈）. 2014. 猪肉有钩虫？http://news.cntv.cn/2014/ 11/20/VIDE141 6485334817445.shtml [2017-2-20].

中央电视台（焦点访谈）. 2013. 管不住的"神农丹" . http://news.cntv.cn/2013/05/04/VIDE1367670720624117.shtml [2017-3-15].

中央电视台（焦点访谈）. 2014. 蘑菇富含重金属？http://news.cntv.cn/ 2014/04/09/VIDE1397044440143328.shtml [2017-3-15].

中央电视台 . 2012. 还烟台苹果一个清白 . http://news.shm.com.cn/2012-07/08/content_3815265.htm [2017-4-18].

中央电视台 . 2014. 抗生素何以成为污染物 . http://news.cntv.cn/2014/12/25/VIDE141 9508906788830.shtml [2017-2-20].

中央电视台 . 2015. 北京草莓检出未登记可致癌农残 . http://epaper.jinghua.cn/html/2015-04/27/content_193523.htm [2017-5-12].

朱世龙 . 2016. 食品安全科普知识 100 问 . 北京：北京科学技术出版社 .